RAPPORT OFFICIEL

DU

LIEUTENANT-GÉNÉRAL GRANT

A

L'honorable **E. M. STANTON,**

Secrétaire de la Guerre.

QUARTIER GÉNÉRAL DES ARMÉES DES ÉTATS-UNIS

WASHINGTON, DISTRICT DE COLOMBIE, 22 JUILLET 1865.

PARIS

LIBRAIRIE MILITAIRE, MARITIME ET POLYTECHNIQUE

J. CORRÉARD, Éditeur

3, BOULEVARD SAINT-ANDRÉ, 3

Maison de la fontaine Saint-Michel,

1866

RAPPORT OFFICIEL
DU LIEUTENANT-GÉNÉRAL GRANT

(C)

Sceaux. — Typographie de E. Dépée.

RAPPORT OFFICIEL

DU

LIEUTENANT-GÉNÉRAL GRANT

À

L'honorable **E. M. STANTON**,

Secrétaire de la Guerre.

———

QUARTIER GÉNÉRAL DES ARMÉES DES ÉTATS-UNIS

WASHINGTON, DISTRICT DE COLOMBIE, 22 JUILLET 1865.

———

PARIS

LIBRAIRIE MILITAIRE, MARITIME ET POLYTECHNIQUE

J. CORRÉARD, Éditeur

3, BOULEVARD SAINT-ANDRÉ, 3

Maison de la fontaine Saint-Michel,

———

1866

RAPPORT OFFICIEL

DU

LIEUTENANT-GÉNÉRAL GRANT

A L'HONORABLE E. M. STANTON, SECRÉTAIRE
DE LA GUERRE.

Quartier-général des armées des États-Unis, Washington,
district de Colombie, 22 juillet 1865.

Monsieur : J'ai l'honneur de vous soumettre le rapport suivant des opérations des armées des États-Unis à dater de ma nomination à leur commandement :

NÉCESSITÉ D'UNE TRÈS-GRANDE FORCE.

Depuis la première période de la rébellion, j'avais été impressionné par l'idée qu'il était nécessaire pour arriver à terminer promptement la guerre, de conduire avec activité et sans interruption les opérations de toutes les troupes qu'on pourrait mettre en ligne, sans avoir égard à la saison et au temps. Les ressources de l'en-

nemi et sa force numérique étaient de beaucoup
inférieures aux nôtres; mais d'un autre côté,
il nous fallait avoir des garnisons sur un vaste
territoire dont la population était hostile au gouvernement, il nous fallait protéger de longues
lignes de rivières, et des communications par
chemin de fer afin d'être en état de ravitailler
nos armées d'opération.

Les armées de l'Est et de l'Ouest agissaient
d'une manière indépendante et sans concert,
comme un attelage discordant dont chaque cheval tire de son côté, ce qui mettait l'ennemi à
même de tirer avantage de ses lignes de communication intérieure pour transporter ses troupes
de l'Est à l'Ouest, pour renforcer l'armée qui
était le plus fortement pressée et pour congédier
un grand nombre d'hommes pendant les saisons
d'inactivité de notre côté, afin d'aller chez eux
travailler à produire l'approvisionnement de leurs
armées. On ne savait pas si notre force numérique et nos ressources n'étaient pas plus que ba-
lancées par ces désavantages et la position supérieure de l'ennemi.

Depuis le commencement, j'ai eu la ferme
conviction, qu'on ne pourrait avoir aucune paix

stable, de nature à amener le bonheur du peuple, tant du Nord que du Sud, à moins de briser entièrement la puissance militaire de la rébellion.

Je me décidai donc tout d'abord : à employer le plus grand nombre de troupes possible contre la force armée de l'ennemi, l'empêchant d'employer la même force en différentes saisons, contre celle de nos armées à laquelle il avait eu affaire d'abord, et ensuite contre une autre, et le mettant dans l'impossibilité de se reposer pour se refaire et produire les approvisionnements nécessaires pour prolonger la résistance. En second lieu : à frapper continuellement contre les forces armées de l'ennemi et contre ses ressources, jusqu'à ce que par la simple attrition de nos coups, en cas qu'il n'y eût pas d'autre moyen, il ne lui restât d'autre parti à prendre qu'à se soumettre à la section loyale de notre commune patrie, à la constitution et aux lois du pays.

Ces vues ont été constamment présentes à mon esprit. Les ordres ont été donnés, les campagnes entreprises pour les mettre en pratique. S'il pouvait y avoir quelque chose de mieux à concevoir et à exécuter dans l'intérêt de notre peuple, c'est à celui qui déplore la perte des amis qu'il a perdus, et à celui qui doit payer les frais de la guerre à le dire. — Tout ce que je peux dire c'est que ce que j'ai fait, je l'ai fait en conscience et du mieux dont j'étais capable, et en vue de ce qui me paraissait être le meilleur intérêt du pays tout entier.

SITUATION AU MOMENT OU J'AI PRIS LE COMMANDEMENT EN CHEF.

A la date où ce rapport commence, la situation des forces en présence était à peu près comme suit : Le fleuve du Mississipi avait de fortes garnisons de troupes fédérales depuis St-Louis, Missouri, jusqu'à sa bouche. Nous occupions aussi la ligne de l'Arkansas qui nous donnait ainsi la possession armée de l'ouest du Mississipi au nord de cette rivière. Un petit nombre de points au sud de la Louisiane peu éloignés de la rivière étaient occupés par nous, en même temps qu'une petite garnison à la bouche du Rio-Grande et dans son voisinage. Tout le reste du vaste territoire de l'Arkansas, de la Louisiane et du Texas était presque sans conteste en possession de l'ennemi avec une armée comptant probablement moins de 80,000 hommes qu'on eût pu mettre en campagne s'il n'y avait eu là une force suffisante à leur opposer. La politique du laissez-seul avait démoralisé cette force, de sorte que probablement il n'y en a jamais eu beaucoup plus de la moitié qui ait jamais été présente dans les garnisons en aucun temps. Mais cette moitié ou 40,000 hommes, avec les bandes de guérillas dispersées dans le Missouri, l'Arkansas, et le long du fleuve du Mississipi, et le caractère déloyal d'une grande partie de la population obligea à employer un grand nombre de troupes pour tenir libre la navigation du fleuve, et protéger la population loyale qui habitait la rive occidentale. A l'Est du Mississipi nous occupions en substance la ligne des rivières du Tennessee et Holston s'étendant à l'Est de manière à renfermer presque tout l'État du Tennessee. Au sud de Chattanooga on avait gagné un petit pied à terre en Géorgie suffisant pour protéger le Tennessee oriental contre les incursions de la force ennemie postée à Dalton, Géorgie. En substance, la Virginie orientale était, à l'exception de la frontière du nord, de la rivière Potomac, d'une petite surface vers la bouche du James, couverte par les troupes placées à Norfolk et au fort Monroë; et le territoire occupé par l'armée du Potomac, situé le long du Rapidan, était en possession de l'ennemi. Sur la côte, on avait gagné un pied-à-terre à Plymouth, Washington et Newbern, dans la Caroline du Nord; à Beaufort, aux îles Folly et Morris, à Hilton Head, au fort Pulas i et à Port-Royal, dans la Caroline du Sud; à Fernandinà, et St.-Augustin dans la Floride. Key-West et Pensacola étaient aussi en notre pouvoir, tandis que tous les ports importants étaient bloqués par la marine. La carte ci-jointe (c'est une copie de celle qui a été envoyée au général Sherman et à d'autres commandants, en mai 1864) indique par les lignes rouges le territoire que nous occupions au commencement de la rébellion et au commencement de la campagne de 1864, tandis que les lignes bleues indiquent les lignes que nous nous proposions d'occuper.

Derrière les lignes de l'Union il y avait plusieurs bandes de guérillas et une population déloyale nombreuse qui mettait dans la nécessité de garder chaque pied des routes et rivières em-

ployées à ravitailler nos armées. Dans le Sud
dominait un règne de despotisme militaire qui
faisait un soldat de chaque homme et de chaque
enfant en état de porter les armes, et ceux qui
ne pouvaient pas porter les armes agissaient
comme prévôts pour réunir les déserteurs et les
renvoyer. Cela mettait l'ennemi en état de présenter presque tous ses forces sur le champ de
bataille.

DISPOSITIONS POUR LA GRANDE CAMPAGNE.

L'ennemi avait concentré le gros de ses forces
à l'est du Mississipi, en deux armées commandées
par les meilleurs et les plus habiles de ses généraux, R. E. Lee et J. E. Johnston. L'armée de
Lee occupait la rive sud du Rapidan, s'étendant
de l'escarpement de Mine vers l'Ouest, fortement
retranchée, courant et défendant Richemond, la
capitale rebelle, contre l'armée du Potomac. L'armée de Johnston occupait une position fortement
retranchée, à Dalton en Géorgie, place de grande
importance comme tête d'un chemin de fer contre les armées placées sous les ordres du major
général W. T. Sherman. Outre ces deux armées,

l'ennemi avait une grande force de cavalerie sous Forrest dans le nord-est du Mississipi ; une force considérable de toutes armes, dans la vallée de Shenandoah, dans la partie ouest de la Virginie et dans la partie extrême orientale du Tennessée : et aussi des garnisons en face de nos côtes maritimes, et qui tenaient bloqués les ports où nous n'avions pas de pied-à-terre.

Ces deux armées et les villes qu'elles couvraient étaient les principaux objectifs de la campagne.

Le major général W. T. Sherman, nommé au commandement de la division militaire du Mississipi, embrassant toutes les armées et le territoir à l'est du fleuve Mississipi jusqu'aux Alleghanys, ainsi que le département de l'Arkansas, reçut le commandement immédiat des armées destinées à opérer contre Johnston.

Le major général George C. Meade eut le commandement immédiat de l'armée du Potomac à dater du moment où j'exerçai la surveillance générale des mouvements de toutes nos armées.

INSTRUCTIONS AU GÉNÉRAL SHERMAN.

Le général Sherman reçut pour instructions

de marcher contre l'armée de Johnston, de la
rompre et de s'avancer dans l'intérieur du pays
ennemi, aussitôt qu'il le pourrait, en faisant tout
le mal possible pour ruiner ses ressources militaires. Si l'ennemi qu'il avait en face faisait
mine de rejoindre Lee, il devait le suivre autant
que pourrait s'étendre son pouvoir, tandis que
j'aurais de mon côté empêché Lee de se concentrer sur lui avec toute la puissance de l'armée
du Potomac. Il ne fut pas donné d'instructions
spéciales plus détaillées, par la raison que je
m'étais entretenu avec lui des plans de la campagne, et j'eus la satisfaction d'être convaincu
qu'il les comprit parfaitement et qu'il les exé-
cuterait dans toute leur teneur.

INSTRUCTIONS AU GÉNÉRAL BANKS.

Le major général N. P. Banks, alors engagé
dans une expédition dans le haut de la rivière
Rouge contre Shreveport, Louisiane (expédition
organisée avant ma nomination au commandement), reçut de moi, le 15 mars, l'information
de l'importance que j'attachais à ce que Shreveport fût pris dans le plus bref délai, et que.

s'il pensait avoir besoin pour le prendre de garder les troupes de Sherman, dix ou quinze jours de plus que le temps pour lequel on les lui avait prêtées, il devait les renvoyer au moment spécifié par le général Sherman, même en abandonnant le principal objet de l'expédition de la rivière Rouge, car cette force était nécessaire pour les mouvements projetés à l'est du Mississipi ; que si son expédition réussissait, il devrait garder Shreveport et la rivière Rouge avec telle force qu'il jugerait nécessaire et renvoyer l'excédant de ses troupes dans le voisinage de la Nouvelle-Orléans, ne commençant aucun mouvement pour se rendre maître de nouveaux territoires, à moins que ce ne fût pour garder plus facilement ceux qu'il aurait en sa possession ; qu'il était peut-être appelé à faire partie de la campagne du printemps contre Mobile, qu'il en ferait certainement partie, si on pouvait avoir assez de troupes pour l'entreprendre sans gêner d'autres mouvements ; que la Nouvelle-Orléans serait le point de départ de cette expédition ; en même temps, que j'avais ordonné au général Steele de faire un mouvement réel en partant de l'Arkansas, comme il l'avait suggéré lui-même (général

Banks), au lieu d'une simple démonstration comme l'avait projeté Steele.

Le 31 mars, outre la notification précédente, il reçut les instructions suivantes :

1. Si votre expédition contre Shreveport réussit, vous reme trez la défense de la rivière Rouge au général Steele et à la marine.

2. Vous abandonnerez entièrement le Texas à l'exception de votre pied-à-terre sur le Rio-Grande. On peut occuper ce point avec 4,000 hommes, pourvu qu'ils aient l'attention de fortifier leur position immédiatement. La moitié au moins de la force nécessaire à ce service pourra se prendre dans les troupes de couleur.

3. En se fortifiant convenablement sur le Mississipi, la force qui doit garder ce fleuve de Port-Hudson à la Nouvelle-Orléans peut se réduire à dix mille hommes au plus. Alors, six mille hommes au plus tiendraient tout le reste du territoire qu'il faut garder jusqu'au moment où l'on pourra reprendre les opérations à l'ouest du fleuve. D'après votre dernier rapport, vous auriez une force effective de plus de trente mille hommes pour marcher contre Mobile. A cette force j'espère ajouter cinq mille hommes du

Missouri, Si cependant vous pensez que la force indiquée est trop petite pour tenir le territoire dont la possession est jugée nécessaire, je vous dirai, réunissez au moins vingt-cinq mille hommes de troupes sous votre commandement pour les opérations contre Mobile. Avec ces vingt-cinq mille hommes et la force que je pourrai vous donner en plus, quelle qu'elle soit, ne perdez pas de temps à faire une démonstration qui sera suivie de l'attaque contre Mobile. On donnera l'ordre à deux navires cuirassés (ou davantage), de rallier l'amiral Farragut. Il aura donc une puissante force navale pour coopérer avec vous. Vous pouvez prendre vos arrangements avec l'amiral au sujet de sa coopération et choisir vous-même vos lignes d'approche. Mon idée personnelle à ce sujet serait que Pescagoule fût votre base d'opération; mais vos longs services dans le département du golfe vous donnent sur le sujet en question des lumières meilleures que les miennes : mon intention est que vos mouvements se fassent en même temps que d'autres et vous ne pouvez pas les commencer trop tôt. Tout ce que je puis ajouter, c'est que vous commenciez à vous concentrer en même temps. Gardez le plus profond

secret sur ce que vous voulez faire, et mettez-
vous en marche le plus tôt possible.

U. S. GRANT, lieut.-gén.

Au major général **N. P. BANKS.**

INSTRUCTIONS AU GÉNÉRAL BUTLER.

La lettre suivante d'instruction a été adressée au major-général
B. F. Butler : fort Monroë, Virginie, 2 avril 1864.

Général : Dans la campagne du printemps
qu'il est désirable de commencer aussitôt que
le temps sera praticable, on se propose d'obtenir
l'action coopérative de toutes les armées en campagne, autant que la chose pourra se faire.

Il ne sera pas possible de rassembler nos
armées en deux ou trois grands corps pour
agir comme autant d'unités, en raison de la
nécessité absolue où nous nous trouvons de tenir
le territoire déjà pris sur l'ennemi. Mais, par-
lant en général, la concentration peut s'effectuer
pratiquement par des armées marchant vers
l'intérieur du pays ennemi, en partant du territoire qu'elles ont à garder. Par ce mouvement,

elles s'interposeront entre l'ennemi et le pays à garder, réduisant ainsi le chiffre qui serait nécessaire pour garder des points importants, ou du moins pour occuper l'attention d'une partie des forces de l'ennemi si l'on ne peut atteindre un but plus grand. L'armée de Lee et Richmond étant les plus grands objectifs vers lesquels notre attention doit se diriger dans la prochaine campagne, il est désirable de rallier contre eux toute la force que nous pouvons. La nécessité de couvrir Washington avec l'armée du Potomac et de couvrir votre département avec votre armée, met dans l'impossibilité de réunir ces forces au commencement de quelque mouvement que ce soit. Je propose par conséquent ce qui se rapproche le plus de ce qu'on peut pratiquer dans cette vue. L'armée du Potomac agira d'après sa base actuelle, l'armée de Lee étant son objectif. Vous rassemblerez toutes les forces que vous pourrez économiser sur le service des garnisons de votre commandement, je suppose que cela fera un effectif d'au moins vingt mille hommes pour opérer sur le côté sud du James River, Richmond étant votre objectif. Aux forces que vous avez déjà, il faudra ajouter environ dix mille hommes de la Caroline du sud, sous le major général Gillmore, qui les commandera en personne. Le major général W. F. Smith a reçu l'ordre de s'adresser à vous pour commander les troupes de votre propre département envoyées en campagne.

Le général Gillmore recevra l'ordre de s'adresser à vous à la forteresse Monroë avec toutes les troupes sur les transports pour le 18 courant, ou aussitôt qu'il pourra le faire après cette époque; si vous ne receviez pas de nouvelles, qu'ils se soient mis en mouvement à cette époque, vous en disposerez ainsi que de vos propres forces comme vous le jugerez à propos, en calculant ce qui peut le mieux tromper l'ennemi sur le mouvement qu'on doit faire.

Quand vous aurez reçu la notification du mouvement, prenez City-Point avec autant de forces que possible. Fortifiez, ou plutôt retranchez en même temps et concentrez toutes vos troupes pour la campagne aussi rapidement que vous pourrez. A partir de City-Point on ne peut pour le moment vous donner de direction pour vos mouvements ultérieurs.

Le fait qui a déjà été établi que Richmond doit être votre objectif, et qu'il doit y avoir coopération entre votre force et l'armée du Potomac, doit être votre guide. Cela indique la nécessité que vous vous mainteniez près de la rive sud du James en avançant. Alors, si l'ennemi était forcé dans ses retranchements de Richmond, l'armée du Potomac suivrait, et, par le moyen des transports, les deux armées se réuniraient.

Tous les moindres détails de votre marche en avant sont laissés entièrement à votre direction. Si cependant vous pensez qn'il soit praticable d'employer votre cavalerie au sud de votre base, de manière à couper le chemin de fer vers Hick's Ford, à peu près au moment de la marche générale en avant, cela serait un avantage immense.

Vous aurez la bonté de m'informer dans le plus bref délai possible de tous les ordres, détails et instructions que vous pourrez donner pour exécuter l'ordre ci-dessus.

U. S. Grant, lieut.-gén.

Au major général B. F. Butler.

Le 16 avril ces instructions furent réitérées en substance. Le 19, en vue d'assurer une coopération complète entre cette armée et celle du général Meade, il fut informé que j'espérais qu'il se mettrait en mouvement du fort Monroë le même jour que le général Meade devait partir de Culpepper. Je devais lui télégraphier le moment précis aussitôt qu'il serait fixé et cela ne devait pas être plus tôt que le 27 avril. C'était mon intention de combattre Lee entre Culpepper et Richmond, s'il nous attendait. Cependant s'il eût reculé sur Richmond, je devais le suivre et faire ma jonction avec l'armée de Butler sur la rivière James, en cas que je fusse certain qu'il serait en état d'investir Richmond par la rive sud, de manière à appuyer sa gauche sur le James au-dessus de la ville. C'est là que je devais faire la jonction. C'étaient les circonstances qui devaient décider le moment et le lieu de ma course; il devait employer tous les moyens pour assurer son établissement aussi haut qu'il pourrait, sur le côté sud de la rivière, et aussi vite que possible après avoir reçu l'ordre de se mettre en marche; s'il ne pouvait emporter la ville, il y retiendrait au moins une force la plus grande possible.

Pour coopérer avec les principaux mouvements contre Lee et Johnston, je désirais employer toutes les troupes nécessairement laissées dans les départements éloignés du théâtre des opérations immédiates, et aussi celles gardées en réserve, afin de protéger nos lignes étendues entre les États fidèles et les armées qui leur étaient opposées.

VALLÉE DE LA SHENANDOAH.

On garda ainsi une force très-considérable sous le commandement du major général Sigel pour protéger la Virginie occidentale et les frontières du Maryland et de la Pensylvanie. Tandis que ces troupes ne pouvaient pas être retirées pour faire des campagnes lointaines, sans exposer le Nord à être envahi par des corps ennemis, petits relativement, elles pouvaient agir directement sur leur front et donner une meilleure protection que si elles restaient oisives dans les garnisons. Par ces mouvements, elles auraient, ou forcé l'ennemi à faire de grands détachements pour protéger les approvisionnements et les lignes de communication, ou bien il les eût perdus.

Le général Sigel eut par conséquent la mission d'organiser toutes les forces disponibles pour deux expéditions qui devaient partir de Beverly et de Charleston sous le commandement des généraux Ord et Crook contre le Tennessee oriental et le chemin de fer de Virginie. Postérieurement, le général Ord ayant été remplacé, à sa propre demande, le général Sigel reçut l'instruction, d'après ses propres indications, d'abandonner l'expédition par Beverly et de former deux colonnes, l'une, sous le général Crook sur le Kanawha, comptant environ dix mille hommes, et l'autre sur le Shenandoah comptant environ sept mille hommes. La colonne du Shenandoah devait s'assembler entre Cumberland et la Shenandoah, et l'infanterie et l'artillerie avancer à Cédar-Creek avec autant de cavalerie qu'on pourrait en disposer pour le moment pour menacer l'ennemi dans la vallée de Shenandoah et s'avancer aussi loin que possible ; pendant que le général Crook prendrait possession de Lewisburgh avec une partie de ses forces et descendrait le chemin de fer du Tennessee, faisant le plus de mal qu'il pourrait, détruisant le pont de New River et les ouvrages des salines de Saltville, Virginie.

A cause du mauvais temps et du mauvais état des routes, les opérations furent retardées jusqu'au 1er mai, quand, tout étant prêt et les routes favorables, des ordres furent donnés pour un mouvement général qui ne devait pas différer au-delà du 4 mai.

TENTATIVE DU GÉNÉRAL BUTLER SUR RICHMOND.

Mon premier objet étant de briser la puissance militaire de la rébellion et de capturer l'importante place forte de l'ennemi, je désirais que le général Butler réussît dans son mouvement contre Richmond, attendu qu'il aurait plus d'efficacité que tout autre chose, à moins de faire prisonnière l'armée de Lee, pour accomplir le résultat désiré dans l'Est. S'il 'échouait, j'étais déterminé à livrer un rude combat, soit pour forcer Lee à la retraite, ou à lui faire tant de mal qu'il ne pût détacher une grande force au Nord et en garder assez pour défendre Richmond. Il fut bien entendu par les généraux Butler et Meade, avant de se mettre en campagne, que j'avais l'intention de mettre leurs deux armées aux sud de la rivière James, en cas d'échec pour détruire Lee sans cela.

Avant de donner au général Butler ses instructions, je le visitai au fort Monroë, et dans la conver-

sation, je lui indiquai l'importance évidente de se
rendre maître de Pétersburgh, et de détruire le chemin de fer de communication, aussi au Sud que
possible. Croyant cependant à la possibilité de
prendre Richmond, s'il n'était pas renforcé, j'en
fis l'objectif de ses opérations. Comme l'armée
du Potomac devait marcher simultanément en
même temps que lui, Lee ne pouvait faire de
détachements de son armée avec sécurité, et l'ennemi n'avait nulle part de troupes pour les porter à la défense de la ville au moment où il devait s'attendre à un mouvement rapide au Nord
du James.

COMPLIMENT DISTINGUÉ AU GÉNÉRAL MEADE.

Je puis affirmer ici que commandant les armées comme je les commandais, j'essayai aussi
loin que possible à laisser au général Meade le
commandement indépendant de l'armée du Potomac. Mes instructions pour cette armée se faisaient toutes par son intermédiaire et étaient
d'une nature générale qui lui réservait tous les
détails et l'exécution. La campagne qui suivit
prouva qu'il était l'homme de sa position. Son

commandement, toujours en présence d'un officier d'un rang supérieur au sien, a attiré sur lui
beaucoup de cette attention publique à laquelle
son zèle et sa capacité lui donnent des titres et
qu'il aurait reçue dans quelque situation où il
se fût trouvé placé.

COMMENCEMENT DU GRAND MOUVEMENT ET BATAILLE AVEC LEE.

Le mouvement de l'armée du Potomac commença de bonne heure dans la matinée du 4 mai,
sous la direction immédiate et les ordres du major-général Meade, par suite de ses instructions.
Avant la nuit, toute l'armée traversait le Rapidan
(le cinquième et sixième corps traversant à
Germania Ford, et le second corps en avant) avec
la plus grande partie de ses trains, comptant
environ quatre mille wagons, sans rencontrer rien
qu'une faible opposition. La distance moyenne
parcourue par les troupes pendant cette journée
fut de douze milles environ. Je regardai cela
comme un grand avantage et il fit disparaître
de mon esprit les appréhensions les plus sérieu-
ses. C'en était un pour moi, de traverser la ri-

vière en face d'une armée active, nombreuse, bien approvisionnée et bien commandée, et je ne savais pas comment une si grande masse traverserait un pays ennemi et protégé. Le 5 de bonne heure, le corps d'avant-garde (le cinquième, major-général G K. Warren commandant) rencontra et engagea l'ennemi en dehors de ses retranchements près l'escarpement de mine. On se battit avec fureur toute la journée, toute l'armée prenant part au combat à mesure que chaque corps pouvait arriver sur le champ de bataille, ce qui, attendu l'épaisseur de la forêt et le peu de largeur des routes, fut fait avec une promptitude des plus recommandables.

Pendant que l'armée du Potomac se mettait en mouvement, le général Burnside était demeuré avec le gros de son corps, le 9°, à traverser le Rappahannoc et le chemin de fer d'Alexandrie, tenant la route en arrière de Bull-Run avec des instructions qui lui enjoignaient de ne pas marcher jusqu'à ce qu'il ait reçu l'information que le passage du Rapidan était assuré, mais d'activer son mouvement aussitôt qu'il en aurait reçu la nouvelle. On lui annonça ce passage, le 4, dans l'après-midi. Le 6, à 6 heures du matin, il conduisait son corps à l'action près Wilderness Tavern, quelques-unes de ses troupes ayant parcouru une distance de plus de trente milles après avoir passé le Rappahannoc et le Rapidan. Considérant qu'une grande proportion, probablement les deux tiers, de son commandement était composée de nouvelles troupes n'ayant pas l'habitude de la marche et de l'accoutrement militaire, c'était une marche remarquable.

La bataille de Wilderness fut renouvelée par nous, à 5 heures, dans la matinée du 6, et se prolongea avec furie jusqu'à ce que la nuit ait laissé chaque armée tenant en substance la même position qu'elles avaient dans la soirée du 5. La nuit tombée, l'ennemi fit une faible tentative pour tourner notre flanc droit, capturant plusieurs centaines de prisonniers et créant une grande confusion. Mais la promptitude du général Sedgwick qui était présent en personne et qui commandait cette partie de notre ligne, la reforma bientôt et rétablit l'ordre. Dans la matinée du 7, les reconnaissances montrèrent que l'ennemi était tombé en arrière de ses lignes de retranchements, avec des avant-postes à l'avant pour couvrir une partie du champ de bataille. Par là, il était évident à mon esprit que ce combat de deux jours lui avait démontré son impuissance à se maintenir plus longtemps en rase campagne, malgré l'avantage de sa position et qu'il attendrait qu'on l'attaquât derrière ses ouvrages. Je me décidai par conséquent à pousser en avant et à mettre toutes mes forces entre lui et Richemond; et des ordres furent donnés en même temps pour un mouvement par son flanc droit. Dans la nuit du 7, la marche commença vers Court-House Spottsylviana, le cinquième corps marchant sur la route la plus directe ; mais l'ennemi ayant été renseigné sur notre mouvement et ayant la ligne la plus courte, était en position d'arriver le premier. Le 8, le général Warren rencontra une force ennemie qui avait été expédiée pour s'opposer à sa marche et lui susciter des retards afin d'avoir le temps de fortifier la ligne qu'il avait prise à Spottsylvania. Cette force fut vigoureusement repoussée sur la force principale, en dedans des ouvrages récemment construits, après un combat considérable dont le résultat fut une perte sévère des deux côtés. Aussitôt le mouvement du 9, le général Sheridan partit pour faire une pointe contre les lignes de communication de l'ennemi avec Richmond. Les 9, 10 et 11 furent

employés à manœuvrer et à combattre sans résultats
décisifs. Parmi les tués du 9 était le major général
commandant du 6ᵉ corps, John Sedgwich, soldat
capable et distingué. Le major genéral H. G.
Whright lui succéda dans le commandement. Le
12, de bon matin, on fit une attaque générale de la
position de l'ennemi. Le 2ᵉ corps commandé par
le général Hancok emporta un saillant de sa ligne,
capturant la plus grande partie de la division de
Johnston du corps d'Ewell et vingt pièces d'artillerie. Mais la résistance fut si obstinée, que l'avantage obtenu ne fut pas décisif. Les 13, 14, 15, 16
et 17 se passèrent à manœuvrer et à attendre des
renforts de Washington. Songeant qu'il était impraticable de faire aucune autre attaque sur l'ennemi à Spottsylvania Court-House, des ordres furent donnés le 18, en vue d'un mouvement à
Nord-Anna, qui devait commencer le 19, à minuit. A la fin de l'après-midi du 19, le corps
d'Ewell sortit de ses ouvrages sur l'extrémité de
notre flanc droit; mais l'attaque fut promptement
repoussée avec grande perte. Cela fit retarder le
mouvement sur Nord-Anna, jusqu'à la nuit du 21
pendant laquelle on le commença. Mais l'ennemi
ayant de nouveau la plus courte ligne, et étant maître

des routes principales, put atteindre le Nord-Anna avant nous et s'établit en arrière de cette rivière. Le 5ᵉ corps atteignit le Nord-Anna dans l'après-midi du 22, suivi de près par le 6ᵉ corps. Les 2ᵉ et 9ᵉ corps arrivèrent à peu près vers le même temps, le second tenant le pont du chemin de fer, et le neuvième, posté entre celui-ci et Jéricho-Ford. Le général Warren effectua son passage, le même après-midi, et atteignit une position sans beaucoup d'opposition. Bientôt après avoir gagné sa position, il fut violemment attaqué, mais repoussa l'ennemi avec un grand massacre. Le 25, le général Sheridan rejoignit l'armée du Potomac, revenant de la pointe pour laquelle il était parti de Spottsylvania, ayant détruit les dépôts aux stations de Beaver, de Dam et d'Ashland, quatre trains de chariots, de grands approvisionnements de rations et plusieurs milles de rails de chemin de fer; repris environ quatre cents des nôtres pendant qu'on les conduisait à Richmond comme prisonniers de guerre, rencontré et battu la cavalerie ennemie à Yellow Tavern; emporté la première ligne d'ouvrages autour de Richmond (mais trouvant la seconde ligne trop forte pour être emportée d'assaut); repassé sur la rive nord du Chickahominy au pont de

Meadow, sous un feu très-nourri, et marché par un détour au débarquement de Haxoll, sur le fleuve James, où il communiqua avec le général Butler. Cette pointe eut pour effet d'éloigner toute la force de la cavalerie ennemie et de nous donner une facilité relative pour garder nos trains.

COOPÉRATION DU GÉNÉRAL BUTLER. — COMBAT DU MORNE-DE-DRURY.

Le général Butler mit en mouvement sa force principale pour remonter le fleuve James, d'après ses instructions, le 4 mai, le général Gillmore l'ayant rallié avec le deuxième corps. En même temps il envoya une force de 1,800 cavaliers, par le chemin de West-Point, afin qu'il vînt le rejoindre partout où il pourrait trouver un pied-à-terre, et une force de 3,000 cavaliers sous le général Kauts, partant de Suffolk pour opérer contre les chemins au sud de Pétersburgh et Richmond. Le 6, il occupa sans opposition City-Point et Bermuda-Hundred, sa marche ayant été une surprise complète. Le 6, il était en position avec sa principale armée et il commença à se retrancher. Le 7, il fit une reconnaissance contre Pétersburgh et le chemin de fer de Richmond, en détruisant une partie après s'être un peu battu. Le 9, il télégraphia ce qui suit :

Quartier général près Bermuda-Landing, 9 mai 1864.

Nos opérations peuvent se résumer en peu de mots. Avec 1,700 cavaliers nous avons remonté la péninsule, forcé le Chickahominy, et nous les avons postés en sûreté dans la position que nous occupons. C'était de la cavalerie de couleur, et ils tiennent maintenant nos avant-postes vers Richmond.

Le général Kauts, parti de Suffolk avec 3,000 cavaliers, le même jour que notre mouvement pour remonter le James, a forcé le Blakwater, brûlé le pont du chemin de fer à Stony Creek, sous Pétersburgh, coupant en deux en cet endroit la force de Beauregard.

Nous avons débarqué ici, nous y sommes retranchés, avons détruit plusieurs milles de chemin de fer et occupé une position qu'avec des approvisionnements convenables nous pouvons garder contre toute l'armée de Lee. J'ai commandé de remonter des approvisionnements.

Beauregard, avec une grande portion de ses forces, fut laissé au sud par suite de la coupure des chemins de fer opérée par Kauts. J'ai donné les étrivières aujourd'hui à la portion qui a gagné Pétersburgh sous Hill, lui tuant et lui blessant beaucoup de monde, et faisant un grand nombre de prisonniers après un combat sévère et bien disputé. Le général Grant ne sera pas inquiété par les renforts ultérieurs qui pourraient venir à Lee des forces de Beauregard.

BENJAMIN F. BUTLER, MAJOR GÉNÉRAL, A L'HONORABLE E. M. STANTON, SECRÉTAIRE DE LA GUERRE.

Dans la soirée du 13, et la matinée du 14, il emporta une portion de la première ligne de défense de l'ennemi, au Morne-de-Drury ou fort Darling, avec une perte considérable. Le temps ainsi consumé depuis le 6 nous fit perdre le bénéfice de la surprise et de la prise de Richmond et de Pétersburgh, mettant Beauregard en position (ce qu'il fit) de réunir ses forces détachées dans les deux Carolines et de les amener pour défendre ces deux places. Le 16, l'ennemi attaqua le général Butler dans sa position en face de Morne-de-Drury. Il fut forcé de reculer, ou tira en arrière dans ses retranchements entre les fourches du James et de l'Appomatox, l'ennemi se retranchant fortement devant lui, couvrant par ce moyen les chemins de fer, la ville et tout ce qui avait le plus de valeur pour lui. Son armée par conséquent, quoique dans une position d'une grande sécurité, était aussi complètement fermée, à l'abri des opérations ultérieures directes contre Richmond que si elle avait été dans une bouteille. fortement bouchée. Il n'y avait besoin que d'une force réunie relativement fort petite pour le maintenir là.

POINTE DE LA CAVALERIE DE KAUTS.

Le 12, le général Kauts était parti avec sa cavalerie pour faire une pointe contre le chemin de fer de Danville, où il fut détruire les stations de Coalfield, Powhatan et Chola, sans compter les rails, deux trains de marchandises et une locomotive, plus une quantité d'approvisionnements commissionnés et autres; de là, passant au sud du chemin, il tomba sur les stations de Wilson, Wellswille et Blackandwhite, où il détruisit le chemin et les maisons des stations; de là il marcha sur City Point, où il arriva le 18.

Prise de Plymouth.

Le 19 avril, et antérieurement au mouvement
du général Butler, l'ennemi, avec une force de terre
sous le général Hoke et un bélier cuirassé, attaqua
Plymouth, Nord Caroline, qui était commandé
par le général H. V. Wessels, et les canonnières
que nous avions dans ce port ; et, après un combat
sévère, la place fut emportée d'assaut, la garnison
faite prisonnière avec tout l'armement. La canonnière *Smithfield* fut coulée à fond et le *Miami* dé-
semparé.

Le neuvième corps va soutenir Meade.

L'armée envoyée pour opérer contre Richmond
s'étant hermétiquement fermée vers le haut à
Bermuda-Hundred, l'ennemi se trouva en état
d'amener contre l'armée du Potomac la plupart
des renforts (sinon tous) qui lui venaient du Sud
par Beauregard. Outre ces renforts, on en obtint
un très-considérable, au moins 15,000 hommes,
en appelant les troupes dispersées sous Breckin-
bridge, dans la partie occidentale de la Virginie.

La position de Bermuda-Hundred était aussi facile à défendre qu'il était difficile d'opérer contre l'ennemi en la prenant pour point de départ. Je me décidai en conséquence à en retirer toutes les forces disponibles, y laissant assez de troupes pour assurer ce que nous avions gagné, et en conséquence, le 22, je donnai l'ordre de les faire marcher, sous le commandement du major général W. T. Smith, pour rejoindre l'armée du Potomac.

Le 24 mai, le 9° corps d'armée, commandé par le major général A. E. Burnside, fut désigné pour l'armée du Potomac, et fit partie intégrante du commandement du major général Meade.

OPÉRATIONS AU-DESSUS DE RICHMOND.

Trouvant que la position de l'ennemi sur le Nord-Anna était plus forte qu'aucune des positions désignées ci-dessus, je décampai pendant la nuit du 26, sur la rive nord du Nord-Anna et je marchai par Hanovertown pour tourner la position de l'ennemi par la droite.

Les divisions de cavalerie des généraux Torbert et Merritt, sous Sheridan, et le 6° corps faisaient l'a-

vant-garde : elles traversèrent le Pamunky à Hanovertown après un combat très-sérieux, et le 28, les
deux divisions de cavalerie avaient un engagement sévère, mais heureux, contre l'ennemi, à
Haw'sshop. Le 29 et le 30, nous avançâmes avec
une rude escarmouche sur la route d'Hanover
Court-House et de Cold Harbor, et nous prolon-
geâmes la position de l'ennemi au nord du Chickahominy. L'ennemi sortit fort tard dans la journée
du jour précédent, attaqua notre gauche, mais il
fut repoussé avec une perte considérable. Le général Meade ordonna immédiatement une attaque
sur toute la ligne, elle eut pour résultat de chasser
l'ennemi d'une portion de la ligne de retranche-
ment de ses escarmouches.

Le 31, la division de cavalerie du général Wilson détruisit les ponts du chemin de fer sur la rivière South-Anna, après avoir défait la cavalerie
de l'ennemi ; le même jour, le général Sheridan
atteignit Cold Harbor, et le garda jusqu'à ce qu'il
fût relevé par le 6° corps et le commandement du
général Smith, qui venait d'arriver par White-
House, après avoir été détaché de l'armée du
général Butler.

Le 1" juin, une attaque fut faite. à 5 heures du

soir, par le 6ᵉ corps et les troupes du général Smith,
les autres corps étant prêts à s'avancer aussitôt
qu'ils en recevraient l'ordre. Ce résultat était obtenu par notre transport et parce que nous tenions
la première ligne d'ouvrages de l'ennemi en avant
de la droite du 6ᵉ corps et en avant du général
Smith. Pendant l'attaque, l'ennemi donna des
assauts successifs sur chacun des corps qui n'é-
taient pas engagés dans l'attaque principale, mais
il fut repoussé à chaque fois avec de grosses pertes.
Pendant la nuit, il donna plusieurs assauts pour
regagner ce qu'il avait perdu pendant la journée,
mais il échoua. Le 2 fut employé à amener les
troupes en position pour attaquer le 3. Le 3 juin,
nous donnâmes un nouvel assaut aux ouvrages de
l'ennemi dans l'espoir de le chasser de sa position.
Dans cette tentative notre perte fut considérable
pendant que celle de l'ennemi, j'ai tout lieu de le
croire, était relativement faible. Ce fut la seule
attaque générale faite depuis le Rapidan jusqu'au
James qui n'ait pas infligé à l'ennemi des pertes
de nature à compenser les nôtres. Il ne faut pas
comprendre que je veuille dire par là que toutes les
attaques précédentes avaient été des victoires pour
nos armes, et qu'elles se soient faites de la manière

que j'avais espéré, mais elles firent subir à l'ennemi des pertes sévères, qui avaient pour but final d'arriver à renverser complétement la rébellion.

En raison de la proximité de l'ennemi, de ses défenses autour de Richmond, il était impossible, par aucun mouvement de flanc, de s'interposer entre lui et cette ville. J'étais encore dans une bonne condition, ou pour marcher par son flanc gauche et investir Richmond par le côté du nord, ou pour continuer mon mouvement par son flanc droit sur la rive sud du James. Pendant que le premier mouvement aurait pu être meilleur pour couvrir Washington, cependant, un examen complet de tout ce terrain me convainquit qu'il serait impraticable de tenir une ligne Nord et Est de Richmond, qui protégerait le chemin de fer de Fredericdkburg — ligne longue vulnérable qui aurait diminué beaucoup notre force pour la garder et qu'il aurait fallu protéger pour approvisionner notre armée, et qui aurait ouvert à l'ennemi toutes ses lignes de communication sur le côté sud du James. Dès le commencement, mon idée avait été de battre l'armée de Lee au nord de Richmond, s'il était possible. Alors, après avoir détruit ses lignes de communication au nord du James, pour transférer l'armée sur le côté du sud, et assiéger Lee dans Richmond, ou le poursuivre au sud s'il se mettait en retraite. Après la bataille de Wilderness il était évident que l'ennemi songeait qu'il était de la première importance de ne pas risquer l'armée qu'il avait alors. Il agit simplement en se tenant sur la défensive derrière ses parapets, ou faiblement sur la défensive immédiatement sur l'avant de ses retranchements et aux endroits où il pouvait facilement se retirer derrière eux, en cas qu'il fût repoussé. Sans faire un plus grand sacrifice que celui que je voulais faire, on ne pouvait accomplir ce que j'avais résolu au nord de Richmond.

Je me décidai en conséquence à continuer à tenir en substance le terrain que nous avions alors occupé, prenant avantage de toutes les circonstances favorables qui avaient pu se présenter d'elles-mêmes jusqu'à ce que l'on pût envoyer la cavalerie à Charlottesville et Gordonsville, pour rompre effectivement la connexion du chemin de fer entre Richmond, la vallée de Shenandoah et Lynchburg: et alors, la cavalerie sortit à propos pour menacer l'armée du côté sud du James par le flanc sud de l'ennemi où je sentais que je pouvais couper

toutes les sources d'approvisionnements, excepté
par le canal.

POINTE DE SHERIDAN VERS LYNCHBURGH.

Le 7, deux divisions de cavalerie partirent sous
les ordres du général Sheridan, pour l'expédition
contre le chemin de fer de la Virginie centrale
avec des instructions pour Hunter (j'espérais qu'il
le rencontrerait près de Charleston), de se joindre
à lui, et quand le travail qui leur était marqué
aurait été complétement achevé, revenir ensemble
à l'armée du Potomac, par la route indiquée dans
les instructions de Sheridan.

PREMIÈRE TENTATIVE SUR PETERSBURGH.

Le 10 juin, le général Butler envoya une force
d'infanterie sous le général Gillmore et de cavalerie
sous le général Kauts pour capturer Pétersburgh,
s'il était possible, et détruire le chemin de fer ainsi
que les ponts ordinaires de l'Appomattox. La cavalerie emporta les ouvrages sur le côté sud et pénétra à leur intérieur vers la ville. Mais elle fut forcée
de se retirer ; le général Gillmore trouvant que les
ouvrages dont il s'approchait étaient très-forts et

songeant qu'un assaut était impraticable, retourna à Bermuda-Hundred sans rien tenter.

Attachant une grande importance à la possession de Pétersburgh, je renvoyai à Bermuda-Hundred et à City Point le commandement du général Smith par eau, par White House, pour se trouver là en avant-garde de l'armée du Potomac. C'était dans le but exprès d'assurer Pétersburgh avant que l'ennemi éveillé sur nos intentions ne pût renforcer la place.

MOUVEMENT DE COLD HARBOR.

Le mouvement commencé à Cold Harbor commença à la nuit dans la soirée du 12 : une division de cavalerie sous le général Wilson, et le 5ᵉ corps traversèrent le Chickhahominy à Longbridge, et marchèrent en sortant vers le marais de White Oak pour couvrir le passage des autres corps. Le corps d'avant-garde atteignit le James River à Wilcox Landing et à Charles City Court-House, dans la nuit du 13.

GRANDEUR ET DEFFICULTÉS DE LA MARCHE SUR RICHMOND.

Pendant trois longues semaines les armées du

Potomac et de la Virginie du Nord s'étaient fait face l'une à l'autre. Pendant ce temps, elles avaient combattu les batailles les plus désespérées selon toute probabilité que jamais armées aient eu à livrer, sans changer matériellement les avantages du terrain pour l'une ou pour l'autre. La presse et le peuple du Sud, avec plus d'adresse et de raison que la presse et le peuple du Nord, trouvant qu'ils avaient manqué à prendre Washington et à marcher sur New-York, comme ils s'étaient vantés de le faire, prétendaient qu'ils défendaient seulement leur capitale et le territoire du Sud. De là, Antietam, Gettysburgh, et toutes les autres batailles qu'on avait données avaient été posées comme des échecs de notre part, et des victoires pour eux. Leur armée le croyait : cela leur donnait une force morale que l'on ne pouvait abattre que par une suite de combats acharnés. Les batailles de Wilderness, Spottsylvania, Nord Anna et Cold Harbor, sanglantes et terribles comme elles l'ont été de notre côté, furent encore plus désavantageuses pour l'ennemi, et l'exténuèrent tellement, que depuis, il fut toujours circonspect pour prendre l'offensive. Ses pertes en hommes n'étaient probablement pas si grandes, par ce fait que nous étions, sauf à Wilderness, presque invariablement le parti attaquant, et quand il attaquait, c'était seulement en plaine. Les détails de ces batailles, qui, pour le courage et la tenacité de la part des soldats ont été rarement surpassés, sont donnés dans le rapport du major général Meade, et dans les rapports inférieurs qui l'accompagnent.

Pendant la campagne de 43 jours depuis le Rapidan jusqu'au James, l'armée avait à être approvisionnée d'une base toujours changeante, par des wagons, sur des routes étroites, à travers un pays très-boisé, avec une perte de quais à chaque nouvelle base d'où il était à propos de décharger les bâtiments. Par conséquent on ne saurait donner trop d'éloges aux départements du quartier-maître et du commissaire pour le zèle effectif qu'ils ont montré. C'est sous la surintendance du quartier-maître en chef, le brigadier général R. Ingalles, que les convois étaient préparés de manière à occuper toutes les routes les plus convenables entre l'armée et notre base d'eau, et l'on n'a éprouvé que peu de difficulté à les protéger.

La Shenandoah. — Sigel remplacé par Hunter.

Le mouvement des vallées de la Kanawha et de

Shenandoah sous le général Sigel commença le
1" mai. Le général Crook, qui avait le commandement immédiat de l'expédition de la Kanawha,
divisa ses forces en deux colonnes, donnant l'une
composée de cavalerie au général Averill. Ils traversèrent les montagnes par des routes séparées.
Averill frappa le 10, sur le chemin de fer du Tennessee et de la Virginie près Whiteville, et s'a-
vança sur New River et Christiansburgh, détruisit
le chemin, plusieurs ponts et dépôts importants, y
compris le pont de New River, opérant sa jonction
avec Crook à Union, dans la journée du 15. Le général Sigel remonta la vallée de Shenandoah,
rencontra le 15 l'ennemi à New Market, et, après un
engagement sévère, fut battu avec une perte énorme
et opéra sa retraite derrière Cedar-Creck. Ne regardant pas les opérations du général Sigel comme
satisfaisantes, je demandai son éloignement, et le
major général Hunter fut nommé pour le remplacer. Les instructions étaient renfermées dans
les dépêches suivantes au major général H. W.
Halleck, chef d'état major de l'armée.

Près Spottsylvania Court-House, Virginie, 20 mai 1864.

. . . .

L'ennemi compte évidemment sur de grands approvisionnements, tels que ceux qu'on lui apporte par l'embranchement de la route qui traverse Staunton. Somme toute néanmoins, je pense qu'il vaudrait mieux pour le général Hunter de marcher dans cette direction, gagner Staunton et Gorsdonsville ou Charlottsville, s'il ne rencontre pas trop d'opposition. S'il peut tenir en échec une force égale à la sienne, il aura rendu un bon service. . . . .

U. S. Grant lieutenant général, au major général H. W. Halleck.

Coup de Hunter vers Lynchburgh.

Le général Hunter prit immédiatement l'offensive et remontant la vallée de Shenandoah, rencontra l'ennemi le 5 juin, à Fredmont, et après une bataille de 10 heures, le mit en déroute, faisant 1,500 hommes prisonniers sur le champ de bataille, et s'emparant de 3 pièces d'artillerie et de 300 équipements de petites armes. Le 8 du même mois, il opéra sa jonction avec Crook et Averill à

Staunton, et partit de là pour marcher directement sur Lynchburgh par Lexington qu'il atteignit et qu'il investit, le 16 juin. A dater de cette époque, il fut très-heureux, et, à cause seulement de la difficulté de prendre avec lui des provisions suffisantes d'artillerie pour une si longue marche à travers un pays ennemi, il les aurait pris sans aucun doute à l'ennemi, point essentiel. La destruction des approvisionnements et des manufactures de l'ennemi fut très-grande. Pour s'opposer à ce mouvement sous le général Hunter, le général Lee envoya une force peut-être égale à un corps d'armée, dont une partie atteignit Lynchburgh peu de temps après Hunter. Après quelques escarmouches, le 17 et 18, le général Hunter, en raison du manque de munitions pour livrer bataille, se retira de devant la place. Malheureusement ce manque de munitions ne lui laissa d'autre route à choisir pour son retour que le chemin de la Kanawha. Cela nous fit perdre l'usage de ses troupes pendant plusieurs semaines du côté de la défense du Nord.

Si le général Hunter avait marché par la route de Charlottesville, au lieu de prendre celle de Lexington, d'après le sens de ses instructions, il aurait été en position de couvrir la vallée de

Shenandoah contre l'ennemi, en cas que la force
qu'il rencontra l'eût mis en danger. Dans le cas
contraire, il aurait été placé à une distance
commode du James River canal, sur la principale
ligne de communication entre Lynchburg et la
force envoyée pour sa défense. Je n'ai jamais fait
de réserves pour les opérations du général Hunter,
et je ne suis pas maintenant disposé à le trouver
en faute, car je ne doute pas qu'il a agi dans
les limites de ce qui lui a paru l'esprit de ses
instructions, et l'intérêt du service. La promptitude de ses mouvements et sa bravoure lui don-
neraient des titres aux recommandations de son
pays.

L'ARMÉE DE MEADE TRAVERSE LE JAMES RIVER.

Pour revenir à l'armée du Potomac : le second
corps commença à traverser le James River dans
la matinée du 14 sur des bacs, à Willcox Landing.
L'établissement du pont de pontons fut complété
le 14 vers minuit, et la traversée du reste de
l'armée fut poussée rapidement à la fois par le
pont et par le bac.

LES PREMIÈRES VICTOIRES DEVANT PETERSBURGH.

Après que la traversée eut commencé, je me rendis sur un steamer à Bermuda-Hundred pour donner les ordres nécessaires pour prendre immédiatement Pétersburgh.

Les instructions au général Butler étaient verbales et lui prescrivaient d'envoyer le général Smith immédiatement cette nuit avec toutes les troupes qu'il pourrait lui donner sans sacrifier la position qu'il occupait alors. Je lui dis que je retournerais en même temps à l'armée du Potomac, hâter son passage, et la jeter en avant sur Pétersburgh, par divisions, aussi vite que cela pourrait se faire; que nous pouvions renforcer son armée plus rapidement en ce lieu que l'ennemi ne pourrait amener des troupes contre nous. Le général Smith sortit d'après ses ordres et fit face aux avant-postes de l'ennemi près de Pétersburgh, avant le point du jour de la matinée suivante; mais, pour le même raison que je n'ai jamais été capable de comprendre d'une manière satisfaisante, il ne fut prêt à donner l'assaut à ses lignes principales qu'au coucher du soleil. Alors, avec une portion de son commandement seulement, il donna l'assaut et emporta les lignes au Nord-Est de Pétersburgh, à partir de la rivière Appomatox, sur une distance de plus de deux milles et demi, s'emparant de 15 pièces d'artillerie et faisant trois cents prisonniers. C'était vers 7 heures du soir. Entre la ligne qui avait été prise et Pétersburgh il n'y avait pas d'autres ouvrages, et il n'y avait aucune évidence que l'ennemi avait renforcé Pétersburgh avec une seule brigade de n'importe quel endroit. La nuit, il y eut un brillant clair de lune très-favorable pour suivre les opérations. Le général Hancock avec deux divisions du second corps atteignit le général Smith juste à la nuit faite, et offrit le service de ses troupes comme Smith pouvait le désirer, abandonnant le 1er rang au susdit commandant, qu'il supposait naturellement connaître mieux la position des affaires et ce qu'il y avait à faire avec les troupes. Mais au lieu de prendre ces troupes et de pousser en même temps dans Pétersburgh, il enjoignit au général Hancock de relever une portion de sa ligne dans les ouvrages capturés, ce qui fut fait avant minuit.

Au moment où j'arrivai dans la matinée suivante l'ennemi était en force. L'ordre fut donné de faire une attaque, à 6 heures, le soir même, avec les troupes de Smith, le second et le 9° corps. Il fallait attendre jusqu'à ce moment pour que le 9° corps fût arrivé et en position. L'attaque fut faite selon l'ordre donné, et le combat continua pour ainsi dire sans interruption jusqu'à 6 heures dans la matinée suivante; il eut pour résultat de nous donner l'avantage et quelques-uns des principaux ouvrages de l'ennemi sur la droite (notre gauche) de ceux qui avaient été capturés précédemment par le général Smith, plusieurs pièces d'artillerie et plus de 400 prisonniers.

Le 5° corps ayant remonté, les attaques furent renouvelées et persistèrent avec une grande vigueur, le 17 et le 18, mais elles ne donnèrent d'autre résultat que de forcer l'ennemi sur une ligne intérieure d'où on ne pouvait le déloger. L'avantage de position que nous avions gagné était très-grand. L'armée s'avança alors pour envelopper Richmond par le chemin de fer du Midi, aussi loin que possible sans attaquer les fortifications.

TENTATIVE DE BUTLER POUR COUPER LE CHEMIN DE FER DE RICHMOND.

Le 6 l'ennemi, pour renforcer Pétersburgh, se retira d'une partie de ses retranchements, en avant de Bermuda-Hundred, s'abstenant, sans aucun doute pour avoir les troupes du Nord du James, de remplacer celles qu'il avait retirées avant que nous puissions le découvrir. Le général Butler, prenant avantage de cela, fit marcher en même temps une force sur le chemin de fer entre Pétersburgh et Richmond. Aussitôt que j'avais été informé de cet avantage pour le conserver, j'ordonnai à deux divisions du 6ᵉ corps commandées par le général Wright qui s'embarquaient à Wilcox Landing avec des ordres pour City-Point, de prendre les ordres du général Butler, à Bermuda-Hundred, ce dont le général Butler fut informé, et on insista près de lui sur l'importance de tenir une position en avant de sa ligne actuelle.

Vers 2 heures dans l'après-midi le général Butler fut refoulé sur la ligne d'où l'ennemi s'était retiré dans la matinée. Le général Wright, avec ses deux divisions joignit le génie et Butler, dans la matinée du 19, le dernier tenant encore avec une ligne d'avant-poste les ouvrages de l'ennemi. Mais, au lieu de mettre ses divisions dans les ouvrages de l'ennemi pour les garder, il leur permit de s'arrêter et de se reposer à quelque distance en arrière de sa propre ligne. Entre 4 et 5 heures de l'après-midi, l'ennemi attaqua et repoussa ses piquets et réoccupa son ancienne ligne.

Dans la nuit du 20 et la matinée du 21, un poste fut occupé par le général Butler sur la rive Nord du James à Deep Bottom et lia le pont de pontons avec Bermuda-Hundred.

RÉSULTATS DE LA POINTE DE SHERIDAN.

Le 19, le général Sheridan, à son retour de son expédition contre le chemin de fer central de Virginie, arriva à White House juste au moment où la cavalerie de l'ennemi était sur le point de l'attaquer, et la força à se retirer. Le résultat de cette expédition fut que le général Sheridan rencontra la cavalerie de l'ennemi près la station de Trevillian, dans la matinée du 11 juin ;

il l'attaqua et après un combat acharné il la chassa du champ de bataille en déroute complète. Il laissa ses morts et presque tous ses blessés dans nos mains et environ 400 prisonniers et plusieurs centaines de chevaux. Le 12, il détruisit le chemin de fer de la station de Trevilian à Louisa Court-House. Cela dura jusqu'à 3 heures du soir, quand il s'avança dans la direction de Gordonsville. Il trouva l'ennemi renforcé par de l'infanterie derrière des banquettes à rifle bien construites, à environ cinq milles de la dernière place, et trop fortes pour leur donner l'assaut avec succès. A l'extrême droite cependant, sa brigade de réserve emporta deux fois les ouvrages de l'ennemi et en fut deux fois chassée par l'infanterie.

La nuit termina le combat. N'ayant pas de munitions suffisantes pour continuer l'engagement, et ses animaux étant sans fourrages (le pays ne fournissant qu'une herbe inférieure), et n'apprenant rien du général Hunter, il retira son commandement au nord du Nord-Anna, et commença sa marche de retour, atteignant White-House au temps indiqué auparavant. Après avoir rompu le dépôt à cette place, il marcha sur le James-River, qu'il atteignit sain et sauf après un

rude combat. Il commença le passage le 25, près
du fort Powhatan, sans être autrement molesté,
et rejoignit l'armée du Potomac.

POINTE DE WILSON ET DE KAUTZ SUR LES ROUTES DE WILDON ET DE DANVILLE.

Le 23, le général Wilson avec sa propre division de cavalerie de l'armée du Potomac, et la
division de cavalerie du général Kautz de l'armée
du James, marcha contre les chemins de fer de
l'ennemi, au sud de Richmond. Frappant le chemin de fer de Wildon, à la station de Ream,
détruisant le dépôt et plusieurs milles de route
et le chemin du côté sud, à environ quinze milles
de Petersburg, pour approcher la station de
Nottoway, où il rencontra et battit une force de
cavalerie ennemie, il atteignit la station de Burksville dans l'après-midi du 23, et de là, détruisit
le chemin de fer de Danville au pont de Roanoke,
sur un parcours de vingt-cinq milles, où il trouva
l'ennemi en force, et dans une position d'où on
ne pouvait le déloger. Il commença alors sa marche de retour, et le 28, il rencontra la cavalerie
de l'ennemi en force, à la croisée de Strong Creck,

chemin de fer de Weldon, où il eut un engagement sévère, mais indécis. De là, il fit un détour
à partir de cette ville en vue de gagner la station
de Ream (supposant qu'elle était en notre pouvoir). En cet endroit, il fut rencontré par la cavalerie de l'ennemi soutenue par l'infanterie, et
forcé de se retirer en perdant son artillerie et son
train. Dans cette dernière rencontre le général
Kautz, avec une partie de son commandement
fut coupé et prit sa route en dedans de nos lignes.
Le général Wilson, avec le reste de sa force, réussit
à traverser la rivière Nottoway et à venir en sûreté sur notre gauche et notre arrière. Le mal
fait à l'ennemi dans cette expédition compensait
au-delà les pertes que nous avions éprouvées. Il
empêcha toutes les communications des chemins
de fer avec Richmond, pendant plusieurs semaines.

OPÉRATIONS SUR LA RIVE NORD DU JAMES-RIVER.

En vue de couper le chemin de fer de l'ennemi, depuis près Richmond jusqu'à Anna-River,
et de le rendre circonspect au sujet de la situation de son armée dans le Shenandoah, et, en

cas d'échec dans cette entreprise, pour prendre avantage de la retraite nécessaire de ses troupes de Pétersburg, faire sauter une mine qui avait été préparée en avant du 9° corps, et donner l'assaut aux lignes de l'ennemi en cet endroit, dans la nuit du 20 juillet, le 2° corps et deux divisions du corps de cavalerie et la cavalerie de Kautz, furent transportés sur la rive nord du James-River, et rejoignirent la force que le général Butler avait en cet endroit. Le 27, l'ennemi fut chassé de sa position retranchée et perdit quatre pièces d'artillerie. Le 28, nos lignes furent étendues de Deep-Bottom à la route de New-Market; mais, en arrivant à cette position, elles furent attaquées par l'ennemi en force. Le combat dura plusieurs heures, ayant pour résultat une perte considérable des deux côtés. Le premier objet de ce mouvement ayant manqué en raison de la très-grande force mise en avant par l'ennemi, je me décidai à prendre avantage de la diversion faite, en donnant l'assaut à Pétersburg avant qu'il ne pût être de retour avec ses forces. Une division du 2° corps fut retirée dans la nuit du 28, et marcha pendant la nuit à l'arrière du 18° corps pour remplacer ce corps dans la ligne, afin qu'il puisse avoir les pieds agiles dans l'assaut qu'il allait donner. Les deux autres divisions du 2ᵉ corps et la cavalerie de Sheridan furent transportées de l'autre côté de la rivière dans la nuit du 29, et marchèrent en avant de Pétersburg. Dans la matinée du 30, entre 4 et 5 heures, la mine éclata, faisant sauter une batterie et la plus grande partie d'un régiment; et la tête de la colonne d'assaut, formée du 9ᵉ corps, prit possession immédiatement du cratère fait par l'explosion, ainsi que de la ligne à quelque distance à sa droite et à sa gauche, et d'une ligne détachée sur son avant; mais manqua pour quelque cause à avancer rapidement sur la hauteur qui était au-delà. Si elle eût avancé, j'avais toute raison de croire que Pétersburg aurait succombé. D'autres troupes furent immédiatement poussées en avant; mais le temps consumé pour les faire arriver mit l'ennemi en état de revenir de sa surprise qui avait été complète, et il amena des forces en cet endroit pour la défense. La ligne capturée n'étant plus tenable et d'aucun avantage pour nous, les troupes furent retirées, mais non pas sans une perte considérable. Ainsi se termina en désastre ce qui promettait d'être l'assaut le plus heureux de la campagne.

VIRGINIE OCCIDENTALE ET VALLÉE DE LA SHENANDOAH.

Aussitôt que l'ennemi eut la certitude que le général Hunter se retirait de Lynchburgh, par le chemin de la rivière Kanawha, laissant ainsi la vallée de la Shenandoah ouverte pour des pointes dans le Maryland et la Pennsylvanie, il retourna au nord et descendit la vallée. Aussitôt que ce mouvement de l'ennemi fut certain, le général Hunter, qui était arrivé sur la rivière Kanawha, reçut l'ordre de faire marcher ses troupes sans délai par la rivière et le chemin de fer, à Harper's Ferry; mais, à cause de la difficulté de la navigation et des ruptures du chemin de fer, on éprouva un grand retard pour arriver en cet endroit. Il devint par conséquent nécessaire de trouver d'autres troupes pour faire échec à ce mouvement de l'ennemi. Dans ce but, le 6° corps fut enlevé des armées d'opération contre Richmond; on y adjoignit le 19° corps, qui heureusement arrivait à Hampton Roads du département du Golfe, d'après les ordres donnés aussi-

tôt qu'on avait acquis la certitude du résultat
de l'expédition de la rivière Rouge. Les garnisons de Baltimore et de Washington furent dans
ce moment démontées des régiments de grosse
artillerie, des hommes de cent jours et des détachements du corps des invalides. Une division
sous le commandement du général Ricketts du
6° corps, fut envoyée à Baltimore, et les deux
divisions restantes du 6° corps, sous le général
Wright, furent ensuite envoyées à Washington.
Le 3 juillet, l'ennemi approcha de Martinsburgh ;
le général Sigel, qui commandait nos forces en cet
endroit, se retira à travers le Potomac, à Shepards-
town ; et le général Weber, commandant à Harper's
Ferry, traversa la rivière et occupa les hauteurs
du Maryland. Le 6, l'ennemi occupa Hagerstown,
portant une forte colonne vers Frederich City. Le
général Wallace avec la division de Ricketts et
son propre commandement, ce dernier com-
posé pour la plupart de troupes nouvelles et
indisciplinées, sortit de Baltimore avec une grande
promptitude et rencontra l'ennemi en face sur
le Monocacy, près de la traverse du pont du
chemin de fer. Sa force n'était pas suffisante
pour assurer le succès, mais il combattit l'ennemi

néanmoins , et quoiqu'il en soit résulté une défaite pour nos armes, cependant elle arrêta l'ennemi et par là servit à mettre le général Wright en état d'arriver à Washington avec deux divisions du 6° corps et l'avant-garde du 19° corps devant lui. Du Monocacy l'ennemi marcha sur Washington, son avant-garde de cavalerie arrivant à Rockville dans la soirée du 10. Le 12, on lança une reconnaissance en dehors sur l'avant du fort Stevens pour s'assurer de la position et de la force de l'ennemi. Il y eut une escarmouche sévère où nous perdîmes 280 hommes tués et blessés. La perte de l'ennemi fut probablement plus grande. Il commença sa retraite pendant la nuit. Apprenant la condition exacte des affaires à Washington, j'ordonnai par le télégraphe, à 11 heures 45 minutes du soir, le 12, la nomination du major général R. G. Wright au commandement de toutes les troupes qui pourraient être disponibles pour opérer en campagne contre l'ennemi, et je donnai l'ordre qu'il gagnerait l'extérieur des tranchées avec toutes les forces qu'il pourrait et pousserait Early au dernier moment. Le général Wright commença la poursuite le 15; le 18, l'ennemi était surpris à Snicker's Ferry sur la Shenandoah quand survint une violente escarmouche ; et le 20, le général Averill rencontra et battit une portion de l'armée rebelle à Winchester, capturant quatre pièces d'artillerie et faisant plusieurs centaines de prisonniers.

Apprenant que Early se retirait au sud vers Lynchburg ou Richmond, j'ordonnai que le 6° et le 19° corps fussent avancés derrière les armées opérant contre Richmond, de manière qu'on pût les employer dans un mouvement contre Lee avant le retour des troupes qu'il avait envoyées dans la vallée, et que Hunter resterait dans la vallée de Shenandoah, pour la garder et se maintenir entre les forces quelconques de l'ennemi et Washington, agissant sur la défensive autant que possible. Je sentais que si l'ennemi avait quelqu'intention de revenir, le fait se reproduirait avant que le 6° et le 19° corps pussent quitter Washington. Par la suite le 19° corps fut excepté de l'ordre de retourner au James.

DERNIÈRE POINTE DE EARLY DANS LE MARYLAND.

Vers le 25, il devint évident que l'ennemi s'a-

vançait de nouveau sur le Maryland et la Pen-
sylvania, et le 6° corps, alors à Washington, reçut
l'ordre de rétrograder dans le voisinage de Harper's
Ferry. La force rebelle descendit la vallée et envoya un parti faire une pointe en Pennsylvanie;
ils brûlèrent Chambersburgh, le 30, et se retirèrent
poursuivis par notre cavalerie, vers Cumberland.
Ils furent rencontrés et défaits par le général
Kelly et s'échappèrent dans les montagnes d'ouest
de la Virginie avec leurs rangs éclaircis. Depuis
le temps de la première excursion les fils du télégraphe étaient fréquemment abattus entre Washington et City Point, ce qui nécessitait de trans-
mettre les messages par bateau sur une partie du
chemin. Il fallut de vingt-quatre à trente-six
heures pour faire passer les dépêches et avoir les
réponses, en sorte que souvent des ordres auraient
été donnés, et alors, les renseignements auraient été
reçus présentant un état de faits différents de ceux
sur lesquels ils étaient basés, ce qui causait une
confusion et une contradiction apparente dans les
ordres et doit avoir embarrassé considérablement
ceux qui avaient à les exécuter en rendant les
opérations contre l'ennemi moins efficaces qu'elles
n'eussent été d'autre façon. Pour remédier à cet

inconvénient il était évident dans mon esprit que quelque personne devrait avoir le commandement suprême de toutes les forces placées dans le département de l'ouest de la Virginie, Washington, la Susquehanna et le département intermédiaire, et c'est ce que je recommandai.

Le 2 août, j'ordonnai au général Sheridan de s'adresser en personne au major général Halleck, chef d'état-major à Washington, en vue de sa nomination au commandement de toutes les forces contre Early. A cette époque l'ennemi était concentré dans le voisinage de Winchester, pendant que nos forces sous le général Hunter étaient concentrées sur le Monacacy à la traverse du chemin de fer de Baltimore et Ohio, laissant ouverts à l'ennemi l'ouest Maryland et la Pennsylvanie du midi. De l'endroit où j'étais, j'hésitais à donner des ordres positifs pour le mouvement de nos forces à Monocacy dans la crainte d'exposer Washington si j'en donnais. Par conséquent, le 4, je quittai City Point pour visiter le commandement de Hunter, et décider par moi-même ce qu'il y avait de mieux à faire. En arrivant là, et après m'être consulté avec le général Hunter, je lui donnai les instructions suivantes :

Monocacy Bridge, Maryland, 5 août 1864, 8 heures du soir.

Général : concentrez sans retard toutes vos forces disponibles dans le voisinage de Harper's Ferry, laissant seulement des gardes de chemin de fer et des garnisons autant qu'il est nécessaire pour la propriété publique. Employez le chemin de fer pour votre concentration, si par ce moyen vous pouvez gagner du temps. A partir de Harper's Ferry, si on trouve que l'ennemi a marché au nord du Potomac avec de grandes forces, poussez au nord, le suivant et l'attaquant partout où vous le trouverez ; poursuivez-le s'il est chassé au sud du Potomac, aussi longtemps que vous pourrez le faire en sûreté. Si vous avez la certitude que l'ennemi n'a qu'une petite force au nord du Potomac, alors poussez-le au sud avec la force principale, détachant sous un chef compétent une force suffisante pour voir après les coureurs et les repousser chez eux. En détachant cette force, vous pourrez compter sur la brigade de cavalerie qui est maintenant en route de Washington par Rockwall.

Il y a maintenant en route pour vous joindre trois autres brigades de la meilleure cavalerie, faisant au moins 5,000 hommes et autant de chevaux.

Ils auront pour instruction, en l'absence d'ordres ultérieurs, de vous rejoindre sur la rive sud du Potomac. Une brigade partira demain probablement. En poussant sur le haut de la vallée de Shenandoah, où on espère que vous aurez à aller tôt ou tard, il est désirable qu'on ne laisse rien qui puisse inviter l'ennemi à revenir. Prenez toutes les provisions, le fourrage et les munitions dont vous pouvez avoir besoin pour l'usage de votre commandement; tout ce qui ne peut se consommer, détruisez-le. Il n'est pas à désirer que les bâtiments soient détruits, — il vaudrait mieux les protéger; — mais le peuple devra être informé que tant que l'armée pourra subsister parmi eux, il faudra s'attendre à voir renouveler les excursions, et que nous sommes déterminés à les empêcher à tout risque.

Pénétrez-vous bien que nous voulons chasser l'ennemi au sud, et pour le faire, il faut que vous l'ayez toujours en vue. Guidez-vous dans vos courses sur celles qu'il fera lui-même.

Faites vos propres arrangements pour vos approvisionnements de toutes sortes, donnant des certificats réguliers pour tout ce qu'on peut pren-

dre aux citoyens loyaux du pays à travers lequel
vous marchez.

U. S. GRANT,
Lieutenant-général,

Au major-général D. Hunter.

Les troupes furent mises en mouvement immédiatement, et l'avant-garde arriva cette nuit à Hall-
town.

Le général Hunter ayant dans notre conversa-
tion exprimé la volonté d'être relevé du commandement, je télégraphiai pour que le général Sheridan, alors à Washington, me fût envoyé à Harper's
Ferry par le train du matin avec l'ordre de prendre
le commandement général de toutes les troupes en
campagne, et de passer à Monocacy chez le général Hunter qui lui remettrait ma lettre d'instruction. Je restai à Monocacy jusqu'à ce que le général Sheridan arriva dans la matinée du 6, et,
après une conférence avec lui ayant trait aux affaires militaires de son voisinage, je retournai à
City Point par le chemin de Washington.

Le 7 août, le département du milieu et les départements de l'ouest Virginie, Washington et Susquehanna, furent constitués, et formèrent la divi-

sion militaire du centre, dont le major général Sheridan eut le commandement temporaire.

Deux divisions de cavalerie, commandées par les généraux Torbert et Wilson, furent envoyées à Sheridan de l'armée du Potomac. La première lui arriva à Harper's Ferry vers le 11 août.

Ses opérations, durant le mois d'août et la première partie de septembre, eurent à la fois le caractère offensif et défensif, dont le résultat fut plusieurs escarmouches sévères, principalement par la cavalerie ; nous fûmes généralement heureux, mais il n'y eut aucun engagement général. « Les deux armées sont dans une telle position, — l'ennemi sur la rive ouest d'Opequan-Creek couvrant Winchester et nos forces en avant de Derrysville, — que l'une ou l'autre pouvait livrer bataille à tout moment. Une défaite de notre côté aurait laissé ouvert à l'ennemi les États de Maryland et de Pennsylvanie sur de longues distances avant qu'on ne pût interposer une autre armée pour leur faire échec. Sous l'empire de ces circonstances j'hésitais à permettre de prendre l'initiative ; finalement, l'emploi du chemin de fer Baltimore et Ohio et du canal Chesapeak et Ohio, qui étaient tous deux obstrués par l'ennemi, devait une nécessité si indispensable pour nous, et l'importance d'empêcher que le Maryland et la Pennsylvanie fussent continuellement menacés d'une invasion, était si grande que je me décidai à risquer l'initiative. Mais, craignant de télégraphier l'ordre pour une attaque sans connaître davantage les sentiments du général Sheridan, relativement à ce que pourrait être le résultat probable, je quittai City-Point le 15 septembre, pour le visiter à ses quartiers généraux, pour décider, après une conférence avec lui, ce qu'il fallait faire. Je le trouvai à Charleston, et il fit ressortir si distinctement la situation de chaque armée, ce qu'il pourrait faire du moment qu'il serait autorisé, et il exprima une telle confiance dans le succès, que je vis qu'il n'y avait que deux mots d'instructions nécessaires, — en avant ! Pour la convenance du fourrage, on laissa à Harper's Ferry les attelages pour approvisionner l'armée. Je lui demandai s'il pouvait faire sortir ses attelages et ses approvisionnements à temps pour attaquer le mardi suivant. Il répondit qu'il pouvait le faire avant le jour. Il était sorti avant l'heure dite, et je puis ajouter ici que le résultat fut tel que depuis, je n'ai ja-

mais jugé nécessaire de visiter le général Sheridan avant de lui donner des ordres.

Grande victoire de Sheridan.

De bonne heure dans la matinée du 19, le
général Sheridan attaqua le général Early à la
traverse sur Opequan-Creek, et après une bataille acharnée et sanglante, qui dura jusqu'à
cinq heures du soir, il le mit en déroute avec
une perte considérable , emportant la position
entière d'Opequan-Creek à Winchester, faisant
plusieurs milliers de prisonniers et capturant
cinq pièces d'artillerie. L'ennemi se rallia et fit
une halte dans une forte position à Fisher's-Hill
et il fut attaqué une seconde fois et battu le 20.
Sheridan le poursuivit avec une grande énergie à travers Harrisonburgh, Stauton et les pas-
sages du Blue-Ridge. Après avoir dépouillé la
vallée supérieure de la plupart des approvisionnements et provisions pour l'armée rebelle, il revint à Strasburgh et prit position sur le côté
nord de Cedar-Creek.

Ayant reçu des renforts considérables, le général Early revint de nouveau dans la vallée, et le

9 octobre, sa cavalerie rencontra la nôtre près Strasburgh, où les rebelles furent défaits avec perte de onze pièces d'artillerie et de 350 prisonniers. Dans la nuit du 18, l'ennemi traversa les montagnes qui séparaient les branches de la Shenandoah, passa le gué de la fourche nord, et le 19, au commencement de la matinée, à l'ombre de la nuit et du brouillard, il surprit et tourna notre flanc gauche, captura les batteries qui enfilaient toute notre ligne. Nos troupes tombèrent en arrière avec une grosse perte et dans une grande confusion, mais elles furent finalement ralliées entre Middletown et Newtown. A cette jonction le général Sheridan, qui était à Winchester quand la bataille commença, arriva sur le terrain, arrangea les lignes juste à temps pour repousser une grosse attaque de l'ennemi, et prenant immédiatement l'offensive, il attaqua à son tour avec une grande vigueur. L'ennemi fut défait avec un grand carnage, et la perte de la plupart de son artillerie et des trains et les trophées dont il s'était emparé dans la matinée. Les débris de son armée s'échappèrent pendant la nuit et fuirent dans la direction de Staunton et de Lynchburgh. On

les poursuivit jusqu'à Mount-Jackson. Ainsi finit cette tentative de l'ennemi qui fut la dernière pour envahir le Nord par la vallée de Shenandoah. Je pus alors renvoyer le 6° corps à l'armée du Potomac, et une division de l'armée de Sheridan à l'armée du James et une autre à Savannah en Géorgie, pour garder les nouvelles acquisitions de Sherman sur la côte, et le mettre ainsi en état de marcher en avant sans rien détacher de ses forces.

Des rapports de diverses sources me conduisirent à penser que l'ennemi avait détaché trois divisions de Pétersburgh pour renforcer Early dans la vallée de Shenandoah. J'envoyai en conséquence le 2° corps et la division de cavalerie de Gregg, de l'armée du Potomac, et une force de l'armée du général Butler dans la nuit du 13 août, pour menacer Richmond par la rive nord du James, pour l'empêcher d'envoyer des troupes au large, et s'il était possible, faire rétrograder celles qui avaient été expédiées. Dans ce mouvement nous prîmes six pièces d'artillerie et plusieurs centaines de prisonniers, nous arrêtâmes les troupes qui avaient reçu l'ordre de marcher, et nous acquîmes la certitude qu'une

seule (celle de Kershaw) des trois divisions
qu'on disait avoir été détachées était partie.

AFFAIRES AUTOUR DE PETERSBURGH.

L'ennemi s'étant retiré en grandes masses de
Pétersburgh pour résister à ce mouvement, le
5° corps, commandant général Warren, fut mis
en mouvement, le 18, et prit possession du chemin de fer de Wildon. Pendant le jour nous
eûmes un combat considérable. Pour reprendre
possession de la route, l'ennemi donna des assauts répétés et désespérés, mais fut à chaque
fois repoussé avec grande perte. Dans la nuit
du 20, les troupes sur la rive nord du James
furent retirées et Hancock et Gregg revinrent
devant Pétersburgh. Le 25, le 2° corps et la division de cavalerie de Gregg furent attaquées
pendant qu'elles détruisaient le chemin de fer
à la station de Ream, et après un combat désespéré, une portion de notre ligne lâcha pied,
et cinq pièces d'artillerie tombèrent dans les
mains de l'ennemi.

Le 12 septembre, une branche de chemin de
fer fut terminée depuis City-Point et le chemin

de fer de Pétersburgh jusqu'au chemin de fer de Wildon, nous mettant en état d'approvisionner sans difficulté pendant tout l'hiver l'armée sur l'avant de Pétersburgh.

L'extension de nos lignes à travers le chemin de fer de Wildon induisit l'ennemi à étendre tellement aussi la sienne qu'il semblait qu'il pouvait n'avoir que peu de troupes au nord du James pour la défense de Richmond. Dans la nuit du 28, le 10° corps, major général Birney, et le 18° corps, major général Ord , de l'armée de Butler, furent transportés au nord du James et approchés dans la matinée du 20, emportant les très-fortes fortifications et les retranchements, sous la ferme de Chapin, dits fort Harrison , capturant quinze pièces d'artillerie, la route et les retranchements de Newmarket. Ce succès fut suivi d'un vaillant assaut sur le fort Gillmore, immédiatement en avant des fortifications de Chapin-Farm, dans lesquelles nous fûmes repoussés avec une grande perte. La cavalerie de Kautz fut poussée en avant, étant soutenue par l'infanterie à droite de la route, et arriva à la ligne interne de l'ennemi, mais ne put aller plus loin. La position enlevée à l'ennemi était si menaçante pour Richmond, que je me décidai à la garder.

L'ennemi fit plusieurs tentatives désespérées pour nous déloger ; toutes furent malheureuses, et il les paya chèrement. Dans la matinée du 30, le général Meade fit sortir une reconnaissance, en vue d'attaquer la ligne de l'ennemi, si on le trouvait suffisamment affaibli par le retrait des troupes du côté du Nord. Pendant cette reconnaissance nous explorâmes et conservâmes les ouvrages de l'ennemi près de Poplar Spring Church. Dans l'après-midi, les troupes marchant pour atteindre la gauche du point conquis furent attaquées par l'ennemi en grosse force, et forcées de rétrograder jusqu'au moment où elles furent soutenues par les forces qui gardaient les ouvrages capturés. Notre cavalerie sous Gregg fut aussi attaquée, mais repoussa l'ennemi avec grande perte.

Le 7 octobre, l'ennemi attaqua la cavalerie de Kautz au nord du James et la chassa en arrière avec une grande perte en tués, blessés et prisonniers, et en perdant toute l'artillerie, huit ou neuf pièces. Il fit suivre cela d'une attaque sur notre ligne d'infanterie retranchée, mais fut repoussé avec un grand carnage. Le 13, une re-

connaissance fut envoyée dehors par le général
Butler en vue de chasser l'ennemi de quelques
nouveaux ouvrages qu'il construisait : le résultat
fut une grande perte pour nous.

Le 27, l'armée du Potomac, ne laissant que
les hommes suffisants pour garder sa ligne de
fortifications, marcha par le flanc droit de l'ennemi. Le 2° corps, suivi par deux divisions du
5° corps, avec la cavalerie en avant et couvrant
notre flanc gauche, força un passage sur Hatcher's
Run, et marcha sur la rive Sud vers le chemin
de fer du côté Sud, jusqu'à ce que le 2° corps
et une partie de la cavalerie eussent atteint le
chemin de planches de Boydtown, à l'endroit où
il traverse le Hatcher's Run. Là nous étions éloignés de six milles du chemin de fer de la rive
Sud, que j'avais à atteindre et à garder par ce
mouvement. Mais trouvant que nous n'avions pas
atteint la fin des fortifications de l'ennemi et
aucun endroit ne se présentant de lui-même pour
un heureux assaut par lequel on pourrait les
doubler et les raccourcir, je me décidai à me retirer dans notre ligne fortifiée. Des ordres furent
données en conséquence. Immédiatement après
avoir reçu un rapport que le général Warren

était lié au général Hancock, je revins à mon quartier général. Bientôt après mon départ, l'ennemi sortit en traversant Hatcher's Run, dans le passage entre les généraux Hancock et Warren, qui n'était pas fermé, comme on l'avait rapporté, et fit une attaque désespérée sur la droite et l'arrière du général Hancock. Le général Hancock fit faire immediatement face à son corps pour le rencontrer, et après un sanglant combat, il le chassa et le refoula dans ses ouvrages et se retira cette nuit dans son ancienne position.

Pour soulever ce mouvement, le général Butler fit une démonstration sur la rive Nord du James et attaqua l'ennemi sur la route de Williamsburgh et aussi sur le chemin de fer de York River. Dans la première, il fut malheureux ; dans la dernière, il réussit à emporter un ouvrage qui fut ensuite abandonné: sa force se retira dans ses premières positions.

A partir de cette époque jusqu'à la campagne du printemps de 1865, les opérations devant Pétersburgh et Richmond se bornèrent à la défense et à l'extension de nos lignes et à des mouvements offensifs pour dépouiller la ligne de communication de l'ennemi et pour l'empêcher de détacher une force considérable quelconque et l'envoyer dans le Sud. Vers le 7 février nos ligues s'étendaient jusqu'au Hatcher's Run, et le chemin de fer de Wildon avait été détruit jusqu'à Hicksford.

CAMPAGNE DE SHERMAN DE CHATTANOOGA A ATLANTA.

Le général Sherman se mit en marche de Chattanooga le 6 mai, avec les armées du Cumberland, du Tennessee et de l'Ohio, commandées respectivement par Thomas, Mac Pherson et Schofield, se dirigeant sur l'armée de Johnston qui était à Dalton ; mais trouvant que la position de l'ennemi à Buzzard Roost, couvrant Dalton, était trop forte pour être enlevée d'assaut, le général Mac Pherson fut envoyé à travers le passage Snake pour la tourner, tandis que les généraux Thomas et Schofield la menaçaient en avant et par le Nord. Ce mouvement réussit. Johnston, trouvant sa retraite exposée à être coupée, tomba en arrière de sa position fortifiée, à Resaca, où il fut attaqué dans l'après-midi du 15 mai. Une forte bataille suivit. Pendant la nuit l'ennemi se retira au Sud. Dès le 17, son arrière-garde était surprise près Adairsville et il s'ensuivait une forte escarmouche. Cependant le lendemain matin il avait disparu. Il fut vigoureusement poursuivi et fut surpris à Cassville le 19 ; mais la nuit suivante il se retira en traversant l'Etowa. Pendant que ces opérations étaient en train, la division du général Jefferson C. Davis de l'armée Thomas fut envoyée à Rome, s'en emparant ainsi que de ses forts, de son artillerie et de ses précieux moulins et fonderies. Le général Sherman ayant donné à son armée un repos de quelques jours en cet endroit, se mit de nouveau en marche le 23 pour Dallas en vue de tourner le passage difficile à Allatoona. Dans l'après-midi du 25, l'avant-garde sous le général Hooker eut une rencontre sévère avec l'ennemi, le chassant en arrière sur New-Hope Church, près Dallas. Il y eut en cet endroit plusieurs rencontres violentes. La plus importante eut lieu le 28 quand l'ennemi assaillit le général Mac Pherson à Dallas, mais il essuya un échec terrible et sanglant.

Le 4 juin, Johnston abandonna sa position retranchée de New-Hope Church et se retira sur les fortes positions de Kenesaw, Pine et Lost Mountains. Il fut forcé de céder les deux derniers endroits, et de concentrer son armée sur Kenesaw, où le 27, les généraux Thomas et Mac Pherson donnèrent un assaut vigoureux qui échoua. Dans la nuit du 2 juillet Sherman commença à faire marcher son armée par le flanc droit, et dans la matinée du 3, il trouva que l'ennemi, par suite de ce mouvement, avait abandonné Kenesaw et s'était retiré sur l'autre côté du Chattahoochie.

Le général Sherman resta sur le Chattahoochie pour donner du repos à ses hommes et s'approvisionner jusqu'au 17 juillet; quand il reprit ses opérations, il traversa le Chattahoochie, détruisit une large portion du chemin de fer d'Augusta et repoussa l'ennemi sur Atlanta. En cet endroit le général Hood succéda au général Johnston dans le commandement de l'armée rebelle, et prenant la politique offensive défensive, fit plusieurs attaques sévères sur Sherman dans le voisinage d'Atlanta, dont la plus désespérée et la plus décidée eut lieu le 22 juillet. Dans cette journée, vers une heure de l'après-midi, fut tué le brave Mac Pherson, homme accompli et au noble cœur ; le général Logan lui succéda et commanda l'armée du Tennessee dans cette bataille désespérée avec le même succès et la même capacité qui l'avaient caractérisé quand il commandait un corps ou une division, jusqu'à ce qu'il fût remplacé par le major général Howard, le 26.

Dans toutes ces attaques, l'ennemi était repoussé avec une grande perte. Trouvant qu'il était impossible d'investir complétement la place, le général Sherman, après avoir assuré sa ligne de communications à travers le Chattaoochie, fit marcher sa force principale pour entourer le flanc gauche de l'ennemi sur les routes de Montgomery et de Macon et le tirer de ses fortifications. Il réussit, et après l'avoir battu près de Rough et Réady, de Jonesboro et de Lovejoy, le forçant à se retirer dans le Sud, le 2 septembre, il occupa Atlanta, le point objectif de sa campagne.

Vers l'époque de ce mouvement la cavalerie rebelle, sous Wheeler, essaya de couper ses communications à l'arrière, mais elle fut repoussée à Dalton et refoulée dans l'Est Tennessee d'où elle marcha à l'Ouest à Mominville, Merfreesboro et à Franklin, et elle fut finalement chassée au sud du Tennessee. Le dommage fait par cette excursion fut réparé en peu de jours.

Pendant l'investissement partiel d'Atlanta, le général Rousseau joignit le général Sherman avec une force de cavalerie venant de Decatur, ayant fait une pointe heureuse sur le chemin de fer d'Atlanta et Montgomery et ses embranchements près Opelika. Des excursions de cavalerie furent aussi faites par les généraux Mac Cook, Garrard et Stoneman, pour couper le reste du chemin de fer de communication avec Atlanta. Les deux premières furent heureuses ; — les autres n'aboutirent qu'à des désastres.

FÉLICITATIONS A SHERMAN.

Le mouvement du général Sherman, de Chattanooga à Atlanta fut rapide, habile et brillant. L'histoire de ses mouvements de flanc et de ses batailles pendant cette campagne mémorable sera toujours lue avec un intérêt que rien dans l'histoire ne saurait surpasser.

Son propre rapport, et ceux de ses commandants en sous ordre qui y sont annexés, donnent les détails de cette campagne très-heureuse.

Il avait à compter pour l'approvisionnement de
ses armées sur un chemin de fer à une seule voie
depuis Wasville jusqu'au point où il opérait.
Toute cette distance était franchie en pays ennemi.
et il fallait que chaque pied de chemin fût protégé
par des troupes. La force de cavalerie de l'ennemi,
sous Forrest, dans le Mississipi du nord, attendait
évidemment que Sherman fût assez avancé dans
les montagnes de Géorgie pour faire une retraite
désastreuse, afin de marcher sur la ligne, et de la
détruire de manière à la rendre à jamais inser-
viable. Pour se garer contre ce danger, Sherman
laissa ce qu'il supposait être une force suffisante
pour opérer contre Forrest dans l'ouest Tennessee.
Il donna l'ordre au général Washburn qui commandait là d'envoyer le brigadier général S. D.
Sturgis à la tête de ses forces pour l'attaquer. Le
10 juin au matin le général Sturgis rencontra
l'ennemi près de Guntown, Mississipi, fut très-
maltraité et chassé en arrière dans la dernière confusion à Memphis, à une distance de cent milles
environ, chaudement poursuivi par l'ennemi. Cependant, par ce moyen, l'ennemi fut déjoué dans
ses desseins sur la ligne de communication du général Sherman. La persistance avec laquelle il

poursuivit ce succès l'épuisa, et l'amena à la saison
où il lui fallut se reposer et se refaire. A la même
époque le major général A. J. Smith, qui avait été
envoyé par le général Sherman au général Banks,
avec les troupes de l'armée du Tennessee arrivait à
Memphis à leur retour de la rivière Rouge où elles
avaient rendu les meilleurs services. Il reçut
l'ordre du général Sherman de prendre immédiatement l'offensive contre Forrest, ce qu'il fit
avec la promptitude et l'efficacité qui a caractérisé
toute sa carrière militaire. Le 14 juillet il rencontra l'ennemi à Tupelo, Mississipi, et le malmena.
Le combat continua pendant trois jours. Notre
perte était petite, comparée à celle de l'ennemi.
Ayant accompli l'objet de son expédition le général Smith retourna à Memphis.

RAVAGES DE FORREST DANS LE KENTUKCY. — MASSACRE DU FORT PILLOW.

Pendant les mois de mars et avril, cette même
force de Forrest nous faisait des dégâts considérables ; le 24 mars il prit Union City, Kentucky, et sa
garnison, et le 25, il attaqua Paducah commandé par
le colonel S. G. Hick's, du 40° volontaire Illinois.

Le colonel Hick's n'ayant qu'une petite force se retira sur les forts près de la rivière d'où il repoussa l'ennemi et le chassa de sa position.

Le 13 avril, une portion de cette force, sous le général rebelle Buford, somma la garnison de Colombus, Kentucky, de se rendre, mais il reçut pour réponse du colonel Lawrence, 34° volontaires New Jersey, qu'étant placé là par son gouvernement avec une force calculée pour tenir son poste et repousser tous ses ennemis, il n'était pas question de reddition.

Le même jour au matin, Forrest attaqua le fort Pillow, Tennessee, qui avait pour garnison un détachement de cavalerie du Tennessee et le 1er régiment de troupes de couleur de l'Alabama, commandé par le major Booth. La garnison combattit bravement jusqu'à 3 heures de l'après-midi. Quand l'ennemi emporta les ouvrages d'assaut, et quand nos hommes eurent jeté leurs armes, on procéda au massacre inhumain et sans pitié de la garnison.

Le 14, le général Bufort ayant échoué à Colombus parut devant Paducah, mais fut chassé de nouveau.

Les guérillas et les raïder enhardis en apparence par les opérations de Forrest, étaient aussi très-actifs dans le Kentucky ; le plus remarquable parmi eux était Morgan. Avec une force de deux à trois mille chevaux il pénétra dans l'État en traversant le passage de Pount Gap à la fin de mai.

Le 11 juin, il attaqua et prit Cyntiana avec sa garnison entière. Le 12, il était surpris par le général Burbridge, et complétement mis en déroute avec une grande perte, et finalement chassé de l'État. Ce fameux guérillas fut ensuite surpris et tué près Greenville Tennessee, et son commandement capturé et dispersé par le général Gillem.

Nos revers sur la rivière Rouge.

En l'absence de rapports officiels pour le commencement de l'expédition de la rivière Rouge, excepté jusqu'au moment des mouvements des troupes envoyées par le général Sherman sous A. J. Smith, je ne puis donner la date de son point de départ. Les troupes sous le général Smith comprenant deux divisions du 16° et un détachement du 17° corps d'armée, quittèrent Wicksburg le 10 mars et arrivèrent au point désigné sur la rivière Rouge un jour plus tôt que celui fixé par le général Banks. Les forces rebelles au fort de

Russey pensant le battre, quittèrent le fort le
14, pour lui livrer bataille en rase campagne;
mais, pendant qu'il occupait l'ennemi par des escarmouches et des démonstrations, Smith poussa
en avant sur le fort de Russey, qui avait été laissé
avec une faible garnison et le prit avec sa garnison, environ 350 hommes, 11 pièces d'artillerie et
beaucoup de petites armes. Notre perte fut légère.
Le 15, il poussa en avant sur Alexandrie, où il arriva le 18. Le 21, il avait un engagement avec
l'ennemi à Henderson Hill, où il le battit, lui faisant 210 prisonniers et capturant quatre pièces
d'artillerie.

Le 28, il attaqua de nouveau et battit l'ennemi
sous le général rebelle Taylor à Cane River. Le 26,
le général Banks avait assemblé toute son armée
à Alexandrie et la poussait en avant sur le Grand
Ecore; le 6 avril au matin il partit de Grand Ecore.
Dans l'après-midi du 7, son avant-garde eut un
engagement avec l'ennemi près de Pleasant Hill,
et le chassa de la position. Le même après-midi,
l'ennemi fit une halte à huit millles au-dessus de
Pleasant Hill, mais fut de nouveau forcé à la retraite; le 28, à Sabine Cross Road et à Peach Hill,
l'ennemi attaqua et battit son avant-garde, lui pre-

nant 19 pièces d'artillerie et une immense quantité de voitures et de provisions. Pendant la nuit
le général Banks continua son mouvement rétro-
grade sur Grand Ecore, et de là sur Alexandrie où
il arriva le 27 avril. Là, surgit une difficulté sérieuse, la flotte de l'amiral Porter qui accompa-
gnait l'expédition, ayant besoin de passer par-
dessus des rapides où l'eau avait baissé tellement
qu'il lui était impossible de redescendre. D'après
la suggestion du colonel, maintenant brigadier-
général Bailay, et sous sa surveillance, on cons-
truisit des digues latérales au moyen desquelles
le chenal fut rétréci de manière que la flotte put
descendre en sûreté.

L'armée évacua Alexandrie le 14 mai, après une
grande escarmouche avec l'avant-garde ennemie,
et arriva à Morganzia et à Point Coupée vers la fin
du mois. La fin désastreuse de cette expédition et
la fin de la saison rendirent impraticable de me-
ner à bien le plan que j'avais conçu pour faire
marcher une force suffisante pour assurer la prise
de Mobile.

Le 23 mars, le major-général Steele quitta Little
Rock avec le 7ᵉ corps d'armée pour coopérer avec
l'expédition du général Banks sur la rivière Rouge,

et arriva à Arkadelphie le 28. Le 16 avril, après avoir chassé l'ennemi devant lui, il fut rejoint près Elkin's Ferry dans le comté de Washita par le général Thayer, qui était venu de Fort Smith. Après plusieurs escarmouches sévères où l'ennemi fut défait, le général Steele arriva à Camden qu'il occupa vers le milieu d'avril.

En apprenant la défaite et par suite la retraite du général Banks sur la rivière Rouge et la perte de l'un de ses propres trains à Mark's Hill, dans le comté de Dallas, le général Steele se décida à rétrograder sur la rivière Arkansas. Il quitta Camden le 26 avril et arriva à Little Rock le 2 mai. Le 30 avril l'ennemi l'attaqua pendant qu'il traversait Saline River à Jenkin's Ferry, mais il fut repoussé avec une grande perte. La nôtre s'éleva à 600 hommes tués, blessés et prisonniers.

Le major général Canby qui avait été désigné au commandement de la division militaire de l'Ouest Mississipi, reçut donc l'ordre d'envoyer le 19° corps d'armée pour rejoindre les armées opérant contre Richmond, et de limiter le reste de son commandement aux opérations qui pourraient être nécessaires pour tenir les positions et les lignes de communication qu'il occupait alors.

Avant de faire partir la force du général A. J. Smith pour rejoindre Sherman, le général Canby en envoya une partie pour disperser une force de l'ennemi qui se réunissait près du fleuve Mississipi. Le général Smith rencontra et battit cette force près de Lake Chicot le 5 juin. Notre perte s'éleva à environ 40 tués et 70 blessés.

PRISE DU FORT MORGAN.

Dans la dernière partie de juillet, le général Canby envoya le major général Gordon Granger avec autant de forces qu'il en put réunir pour coopérer avec l'amiral Farragut contre les défenses de la baie de Mobile. Le 8 août le fort Gaines se rendit aux forces combinées de la marine et de terre. Le fort Powell sauta et fut abandonné.

Le 9 le fort Morgan fut investi et après un bombardement sévère se rendit le 23. La prise totale s'élevait à 1464 prisonniers et 104 pièces d'artillerie.

OPÉRATIONS DANS L'ARKANSAS.

Vers la fin du mois d'août, ayant été informé

que le général rebelle Price, avec une force d'environ 10,000 hommes, avait atteint Jackson-Port dans sa route pour envahir le Missouri, le commandement du général A. J. Smith alors en route de Memphis pour rejoindre Sherman, reçut l'ordre d'aller au Missouri. Une force de cavalerie fut aussi envoyée de Memphis à la même époque, sous le commandement du colonel Winslow. Cela rendit les forces du général Rosekrans supérieures à celles de Price, et sans aucun doute on espérait qu'il serait en état de faire tête à Price et de le faire reculer, tandis que les forces du général Steele dans l'Arkansas lui couperaient la retraite. Le 26 septembre, Price attaqua Pilot-Knob et força la garnison à la retraite et marcha delà au nord sur la rivière Missouri, et il continua à remonter cette rivière vers Kansas. Le général Curtis, commandant le département du Kansas, rassembla immédiatement toutes les forces qu'il put pour repousser l'invasion du Kansas, tandis que la cavalerie du général Rosekrans opérait sur ses derrières.

L'ennemi fut amené à une bataille sur le Big-Blue et battu avec perte de toute son artillerie et de son train, et d'un grand nombre de pri-

sonniers. Il fit une retraite précipitée au nord
Arkansas. L'impunité avec laquelle il put vaga-
bonder dans l'État du Missouri pendant longtemps, et le dégât incalculable qu'il fit, montrent
combien une force supérieure peut être employée
pour un petit résultat. Il n'y a pas de raison
pour que le général Rosekrans n'aurait pas
concentré ses forces, battu et chassé Price avant
l'arrivée de ce dernier à Pilot-Knob.

ATTAQUE DE FORREST SUR ATHENS.

Le 20 septembre, la cavalerie de l'ennemi sous
Forrest traversa le Tennessee près Waterloo, Alabama, et le 23 il attaqua la garnison d'Athènes,
composée de 600 hommes qui capitulèrent le 24.
Bientôt après la reddition, deux régiments de
renforts arrivèrent, et après un combat sévère
furent forcés de se rendre. Forrest détruisit le
chemin de fer vers l'ouest, captura la garnison
de Sulphur-Branch-Turtle, eut une escarmouche
avec la garnison de Pulaski le 27, et le même jour
coupa le chemin de fer de Nashville et Chattanooga près Tullahoma et Dechard. Le 30 au
matin, une colonne du commandement de For-

rest, sous Bufort, parut devant Huntsville et somma la garnison de se rendre. Recevant une réponse négative, il resta dans le voisinage de la place jusqu'au lendemain matin, quand il somma de nouveau sa reddition et reçut la même réponse que la nuit précédente. Il se retira dans la direction d'Athènes, place dont il avait renouvelé la garnison et l'attaqua dans l'après-midi du 1er octobre, mais sans succès. Le 2 au matin il renouvela son attaque, mais fut joliment repoussé.

Une autre colonne sous Forrest parut devant Colombie le 1er au matin, mais n'attaqua pas. Dans la matinée du 3 il marcha vers Mount-Pleasant. Pendant ces opérations, le général Thomas faisait tous ses efforts pour détruire les forces de Forrest avant qu'il ne pût repasser le Tennessee, mais il ne put l'empêcher de se sauver à Corinthe, Mississipi.

En septembre, une expédition sous le général Burbidge fut envoyée pour détruire les ouvrages à sel de Saltville, Virginie. Elle rencontra l'ennemi le 2 octobre à environ 3 $\frac{1}{2}$ milles de Saltville, et le repoussa dans sa position retranchée autour des ouvrages à sel d'où on ne put le déloger. Pendant la nuit il retira son commandement et retourna en Kentucky.

SHERMAN SE PRÉPARE POUR SA MARCHE A LA MER.

Le général Sherman, immédiatement après la chute d'Atlanta, campa ses armées à l'intérieur et autour de la place et fit tous les préparatifs, pour les remettre en état et les approvisionner pour leur service futur. La grande longueur de la route d'Atlanta à Cumberland-River, cependant, qui devait être gardée ne permettait que peu de repos aux troupes.

Pendant ce temps Jefferson Davis fit un speech à Macon, Géorgie, qui fut rapporté dans les journaux du Sud et devint bientôt connu à tout le pays, découvrant les plans de l'ennemi, mettant ainsi le général Sherman en état de les contre-carrer. Il montra la faiblesse de supposer qu'une armée qui avait été battue et décimée d'une manière terrible dans une vaine tentative de défensive pouvait entreprendre heureusement l'offensive contre l'armée qui l'avait si souvent battue.

En exécution de ce plan, Hood avec son armée fut bientôt reporté au sud-ouest d'Atlanta.

Marchant loin de la droite de Sherman, il réussit à atteindre le chemin de fer vers Big-Shanty et marcha sur lui vers le nord.

Le général Sherman laissant une force pour garder Atlanta, avec le reste de son armée tomba sur lui et le repoussa sur Gadston, Alabama. Voyant les dégâts constants qu'il aurait avec les chemins à son arrière, s'il essayait de garder At-lanta, le général Sherman proposa d'abandonner et de détruire cette place avec tous les chemins de fer qui y conduisaient, et il me télégraphia ce qui suit :

Centreville, Géorgie, 10 octobre à midi.

Reçu à l'instant votre dépêche sur Wilson. Hood passe maintenant Coo sa River, 12 milles sous Rome, lié à l'ouest. S'il franchit la route de Mobile et Ohio, ne vaudrait-il pas mieux exécuter le plan de ma lettre envoyée par le colonel Porter et lais-ser le général Thomas avec les troupes nouvelles en Tennessee, pour défendre l'État? Il aura une ample force quand les renforts ordonnés arrive-ront à Nashville.

W. T. SHERMAN, major général.

Au lieutenant-général Grant.

Pour faire bien comprendre le plan auquel se rapporte cette dépêche, j'extrais de la lettre envoyée par le colonel Porter :

« Je vous donnerai donc mon opinion, que votre armée et celle de Canby soient renforcées le plus possible ; qu'après votre arrivée à Wilmington, vous frappiez sur Savannah et la rivière ; que Canby soit instruit de garder le Mississipi et envoie une force sur Colombie, Géorgie, soit par le chemin d'Alabama ou celui d'Appalachicola, et que je garde Hood employé et que je pousse mon armée en ordre final pour une marche sur Augusta, Colombia et Charleston, pour être prêt aussitôt que Wilmington sera fermé au commerce, et que la ville de Savannah sera en notre pouvoir. » C'était une réponse à une de mes lettres datée du 12 septembre, en réponse à une de ses dépêches contenant en substance la même proposition et dans laquelle je l'informais d'un mouvement proposé contre Wilmington et de la situation en Virginie, etc.

City-Point, Virginie, 11 octobre 1864, 11 heures du matin.

Reçu votre dépêche du 10 octobre. Ne signifie-t-elle pas que Hood va essayer l'invasion du

moyen Tennessee, en employant les chemins
de Mobile, Ohio, Memphis et Charleston pour approvisionner sa base sur la rivière Tennessee
vers Florence ou Decatur ? S'il fait cela, il faut
s'y opposer et l'empêcher de venir au nord
du Tennessee River. Si vous étiez coupés, je ne
pense pas que vous vous opposeriez à l'armée
de Hood, mais vous auriez affaire dans tous les
buissons, aux anciens, aux petits enfants et à
tous les gardes-barrières du chemin de fer qui
sont encore au pays. Hood frapperait probablement à Nashville, pendant qu'en allant au
nord il pourrait infliger plus de mal que nous
en allant au sud. S'il y avait quelque moyen de
rencontrer l'armée de Hood, je le préférerais ;
mais je dois me confier en votre jugement per-
sonnel. Je trouve qu'il me sera impossible de
vous envoyer d'ici une force pour agir sur Savannah. Vos mouvements par conséquent sont
indépendants des miens ; du moins jusqu'à ce
que Richmond soit tombé. Je crains que Thomas, avec des lignes de routes aussi étendues
que celles qu'il a à protéger, ne puisse empêcher
Hood de venir au nord. En détachant Wilson,
avec toute votre cavalerie vous verrez que les

rebelles sont beaucoup plus que jamais sur la défensive.

U. S. GRANT, lieutenant-général,

Au major général T. W. Sherman.

Kingston, Géorgie, 11 octobre, 11 heures du soir.

Hood a fait marcher son armée de la station de Palmetto en traversant par Dallas et Cedar-Town et est à présent sur la rivière Couza au sud de Rome. Il a jeté un corps sur ma route à Ackworth et j'ai été forcé de continuer. J'ai gardé Atlanta avec le 20° corps, et j'ai de forts détachements le long de ma ligne. Cela réduit mes forces actives à une armée relativement petite. Nous ne pouvons rester ici sur la défensive. Avec ses 25,000 hommes et sa grosse cavalerie il rompra toujours mes routes. Je préférerais infiniment ruiner la route et le pays depuis Chattanooga jusqu'à Atlanta, y compris la dernière ville, — envoyer en arrière tous mes blessés et mes invalides, et avec mon armée effective traverser la Géorgie, écrasant toutes choses jusqu'à la mer. Hood peut aller au Tennessee ou dans le Kentucky, mais je pense qu'il sera forcé de me suivre. Au lieu d'être sur la défensive je serais sur l'offensive ; au lieu de songer à ce qu'il veut faire, il lui faudrait penser à mes plans. C'est une différence de vingt-cinq pour cent à la guerre. Je puis gagner Savannah, Charleston, ou la bouche du Chattahoochie.

Répondez vite, nous n'aurons pas longtemps le télégraphe.

W. T. Sherman, major général.

Au lieutenant-général Grant.

City-Point, Virginie, 11 octobre 1864, 11 h. 30 m. du soir.

Reçu votre dépêche aujourd'hui. Si vous pensez pouvoir fouler la côte en tenant solidement la ligne de la rivière Tennessee, vous pouvez le faire, en détruisant tout le chemin de fer au sud de Dalton ou de Chattanooga, comme vous jugerez à propos.

U. S. Grant, lieutenant-général.

Au major général W. T. Sherman.

Le premier dessin était de garder Atlanta, et en coupant sur la côte, avec une garnison laissée sur les chemins de fer du Sud allant est et ouest à travers la Géorgie, afin de séparer effectivement l'est de l'ouest. En d'autres termes couper en deux la confédération projetée, comme elle l'avait déjà été quand nous avions pris possession de la rivière Mississipi. Le plan du général Sherman effectuait virtuellement cet objet.

SHERMAN COMMENCE SA GRANDE MARCHE.

Le général Sherman commença en même temps ses préparatifs pour son mouvement proposé, tenant en même temps son armée en position de veiller Hood. Comme il devenait évident que Hood avait marché à l'ouest partant de Gadsden à travers Sand-Mountain, le général Sherman envoya le 4° corps, major-général Stanley, commandant le 23° corps, major-général Schofield commandant en arrière de Chattanooga pour être à la disposition du major-général Thomas à Nashville. Il avait donné à ce général le commandement général de toutes les troupes de sa division militaire, sauf le 4° corps d'armée et la division de cavalerie, qu'il avait destinés à marcher avec lui à travers la Géorgie. Avec les troupes ainsi laissées dans ce dépôt, il y avait peu à douter que le général Thomas ne pût renforcer la ligne du Tennessee; ou, en cas que Hood la forçât, il était en état de se concentrer, de lui livrer bataille et de le battre. Je donnai aussitôt mon assentiment à la marche de Sherman vers la côte.

Ayant concentré ses troupes à Atlanta vers le 14 novembre, il commença sa marche menaçant à la fois Atlanta et Macon. Son point d'arrivée ne pouvait être fixé définitivement. Ayant à recueillir ses vivres en marchant à travers le pays, il n'était pas impossible qu'une force inférieure à la sienne pût le contraindre à faire tête sur tel point qu'il pourrait atteindre au lieu de celui qu'il aurait préféré. Cependant l'aveuglement de l'ennemi au point d'ignorer son mouvement et d'envoyer l'armée de Hood, la seule force considérable qu'il avait à l'ouest de Richmond et à i'est du Mississipi, pour une campagne offensive contre le Nord, laissa tout le pays ouvert, et Sherman n'eut qu'à choisir sa route.

Comment cette campagne fut conduite, combien peu d'opposition elle rencontra, la condition du pays traversé par les armées, la prise du fort Mac Allister sur la rivière Savannah et l'occupation de

Savannah, le 21 décembre, sont des choses que fait clairement ressortir l'admirable rapport du général Sherman.

ON COUPE LES CHEMINS DE FER REBELLES DANS LE SUD.

Bientôt après que le général Sherman eut commencé sa marche en partant d'Atlanta, deux expéditions furent envoyées par le général Canby, l'une de Bâton Rouge (Louisiane), l'autre de Wicksburgh (Mississipi) pour couper la ligne de communication de l'ennemi avec Mobile et retenir les troupes sur ce terrain. Le général Foster commandant le département du Sud envoya aussi une expédition par Broad River, pour détruire le chemin de fer entre Charleston et Savannah. L'expédition de Wicksburgh, sous le commandement du brigadier général breveté E. D. Osband (colonel du 3e cavalerie de couleur des États-Unis), captura, le 27 novembre, et détruisit le pont du chemin de fer central du Mississipi et l'ouvrage en tréteaux sur la rivière Big Black près Canton, trente milles de route et deux locomotives, outre une grande quantité de provisions. L'expédition de Bâton Rouge fut sans résultats favorables; l'expédition du département du Sud, sous le commandement immédiat du brigadier-général John P. Hatch composée d'environ cinq mille hommes de toutes armes, y compris une brigade de la marine, remonta Broad River et débarqua à Boyd's Neck, le 29 novembre, d'où elle se mit en marche pour frapper le chemin de fer à Grahamville. A Honey Hill, environ trois milles de Grahamville, on trouva l'ennemi dans une position très-fortifiée, et on l'attaqua, ce qui donna pour résultat, après un combat sévère, que nous fûmes repoussés avec une perte de 746 hommes tués, blessés et manquant. Pendant la nuit le général Hatch se retira. Le 6 décembre, le général Foster obtint une position qui couvrait Charleston et le chemin de fer de Savannah entre les rivières Coosawhatchie et Talifinny.

Mouvements de l'armée de Hood.

Hood, au lieu de suivre Sherman, continua vers le Nord son mouvement qui me paraissait le conduire à sa destinée certaine. A tout événement, eussé-je eu le pouvoir de commander les deux armées, je n'aurais pas changé les ordres sous lesquels il semblait agir. Le 24 octobre, l'avant-garde de l'armée de Hood attaqua la garnison de Decatur (Alabama), mais ayant manqué à emporter la place, elle se retira vers Courtland, et réussit, en face de notre cavalerie, à se loger sur la rive nord de la rivière Tennessee, près Florence. Le 28, Forrest arriva dans le Tennessee à Fort Hudson, et captura une canonnière et trois transports. Le 2 novembre, il planta des batteries au-dessus et au-dessous de Johnsonville, sur le côté opposé de la rivière, isolant trois canonnières et huit transports. Le 4, l'ennemi ouvrit ses batteries sur la place : les canonnières et la garnison lui répondirent. Les canonnières étant désemparées, on y mit le feu, ainsi qu'aux transports, pour les empêcher de tomber entre les mains de l'ennemi. Une valeur d'un million et demi de dollars d'approvisionnements et de propriétés, sur la levée et dans les magasins, fut consumée par le feu. Le 5, l'ennemi disparut et passa au nord du Tennessee, au-dessus de Johnsonville, marchant vers Clifton, et rejoignit ensuite Hood. Dans la nuit du 5, le général Schofield, avec l'avant-garde du 23° corps, arriva à Johnsonville ; mais trouvant l'ennemi parti, il reçut l'ordre d'aller à Pulaski et de prendre le commandement de toutes les troupes qui y étaient, ayant pour instruction de veiller les mouvements de Hood et de re-

tarder son avant-garde, mais de ne pas risquer
d'engagement général jusqu'à l'arrivée du général
A. J. Smith avec son commandement du Missouri,
et que le général Wilson pût avoir remonté sa cavalerie. Le 19, le général Hood continua à avancer;
le général Thomas, le retardant autant que possible,
tomba en arrière près Nashville, dans le but de
concentrer son commandement et de gagner du
temps pour l'arrivée des renforts. L'ennemi, remontant avec notre force principale commandée
par le général Schofield, à Franklin, assaillit nos
ouvrages à plusieurs reprises le 30 pendant l'après-
midi jusqu'à la nuit, mais fut repoussé chaque fois.
Sa perte dans cette bataille fut 1,750 tués, 702 prisonniers et 3,800 blessés. On compta parmi ses
pertes six officiers généraux tués, six blessés et un
fait prisonnier. Notre perte totale fut de 2,300
hommes. C'était la première opposition sérieuse
que l'ennemi ait rencontrée, et je suis persuadé que
c'était le coup fatal attendu par tout le monde. Pendant la nuit le général Schofield rétrograda vers
Nashville. Il laissa le champ à l'ennemi—sans perdre la bataille, mais cédant volontairement le terrain—en sorte que toute la force du général Thomas
put être ralliée. L'ennemi le suivit en remontant

et commença l'établissement de sa ligne en face de Nashville, le 2 décembre.

Aussitôt qu'il fut certain que Hood passait le Tennessee et que Price sortait du Missouri, le général Rosecrans reçut l'ordre d'envoyer au général Thomas les troupes du général A. J. Smith, et toutes les autres dont il pourrait se passer. L'avant-garde de ce renfort arriva à Nashville le 30 novembre.

Dans la matinée du 15 décembre, le général Thomas attaqua Hood en position, et dans une bataille qui dura deux jours, il le battit et le chassa du champ de bataille dans la dernière confusion, laissant entre nos mains la plus grande partie. de son artillerie et plusieurs milliers de prisonniers, y compris quatre officiers généraux.

ANXIÉTÉ DU GÉNÉRAL GRANT AU SUJET DE THOMAS.

Avant la bataille de Nashville, j'avais beaucoup d'impatience au sujet d'un retard qui ne me paraissait pas nécessaire. Cette impatience fut augmentée en apprenant que l'ennemi avait envoyé une force de cavalerie à travers le Cumberland dans le Kentucky. Je craignais que Hood ne passât

toute son armée et ne nous y compromît. Après
avoir insisté auprès du général Thomas sur la nécessité de prendre l'offensive immédiatement, je
partis pour l'Ouest, afin d'y surveiller les choses
en personne. En arrivant à Washington City, je
reçus la dépêche du général Thomas m'annonçant
son attaque contre l'ennemi, et le résultat, au moment où on en était de la bataille. J'en fus enchanté,
mes craintes et mes appréhensions furent dissipées.
Je ne suis pas bien satisfait, si ce n'est que le général Thomas, aussitôt que Hood parut devant
Nashville, et avant qu'il n'ait eu le temps de se
fortifier, aurait dû sortir avec toutes ses forces et
lui livrer bataille au lieu d'attendre pour remonter
sa cavalerie, ce qui le retarda jusqu'à ce que l'in-
clémence du temps le mit dans l'impossibilité
d'attaquer plus tôt qu'il ne le fit. Mais la défaite
finale de Hood était si complète qu'on l'acceptera
comme justifiant le bon jugement de cet officier
distingué.

Après la défaite de Hood Nashville, il se retira
poursuivi de près par la cavalerie et l'infanterie
jusqu'à la rivière Tennessee, étant forcé d'abandonner plusieurs pièces d'artillerie et la plupart
de ses convois. Le 26 décembre, nos forces d'avant-

garde acquirent la certitude qu'il avait bien fait de s'enfuir au sud de la rivière.

Vers cette époque, les pluies ayant fait hausser le Tennessee, et le Nord-Alabama rendant difficiles les mouvements des transports et de l'artillerie, le général Thomas arrêta la poursuite par sa principale force à la rivière Tennessee. Une petite force de cavalerie sous le colonel N. J. Palmer, 15° volontaire de l'ennsylvanie, continua à suivre Hood sur une certaine distance, prenant des charrois considérables et le pont de pontons de l'ennemi. On trouvera le détail de ces opérations clairement exposé dans le rapport du général Thomas.

GRIERSON DANS UNE AUTRE POINTE.

Une expédition de cavalerie sous le major-général breveté Grierson partit de Memphis le 21 décembre. Le 25, il surprit et captura le camp démonté de Forrest à Vérone (Mississipi) sur le chemin de fer de M'bile et Ohio, détruisit le chemin de fer, seize chariots chargés avec les wagons et les pontons pour l'armée de Hood, 4,000 nouvelles carabines anglaises et de grandes quantités de denrées publiques. Le 28 au matin, il attaqua et prit une force de l'ennemi à Egypt, et détruisit un train de quatorze chariots ; tournant de là au sud-ouest, il frappa le chemin de fer central du Mississipi à Winona, détruisit les factoreries et de grandes quantités de provisions à Bankston, les ateliers de machines et les propriétés publiques à Grenade, arrivant à Wicksburgh le 5 janvier.

OPÉRATIONS DANS LE TENNESSEE ORIENTAL.

Pendant ces opérations dans le moyen Tennessee l'ennemi, avec une force sous le général Breckinridge, entra dans le Tennessee oriental. Le 13 novembre, il attaqua le général Gillem, près Morristown, capturant son artillerie et plusieurs centaines de prisonniers. Gillem, avec ce qui était laissé de son commandement, se retira à Knoxville. Poursuivant son succès, Breckinridge marcha pour approcher Knoxville, mais se retira le 18, suivi par le général Ammen. Sous la direction du général Thomas, le général Stoneman concentra les commandements des généraux Burbridge et Gillem, près la station de Bean pour opérer contre Breckinridge et le détruire ou le chasser en Virginie, détruire les ouvrages à sel de Saltville et le chemin de fer de Virginie, aussi loin qu'il pourrait aller, sans mettre son commandement en danger. Le 12 décembre, il commença son mouvement, captura et dispersant les forces de l'ennemi partout où il le rencontrait. Le 16, il frappa l'ennemi sous Vaughn à Marion, le déroutant complètement et le poursuivant à Whitheville, capturant toute son artillerie, ses trains et 198 prisonniers, et il détruisit Whitheville avec ses fournitures et les approvisionnements et les grandes fabriques de plomb qui sont auprès. Revenant à Marion, il trouva une force sous Breckinridge composée entr'autres troupes, de la garnison de Saltville qui était partie à la poursuite. Il fit en même temps des arrangements pour l'attaquer le lendemain matin ; mais le matin trouva Breckinridge parti. Il marcha alors directement à Saltville et détruisit les grands ouvrages à sel de cet endroit, une grande quantité de provisions et huit pièces d'artillerie. Ayant ainsi exécuté heureusement ses instructions, il renvoya le général Burbridge à Lexington et le général Gillem à Knoxville.

ÉCHEC DU FORT FISCHER, — ÉTRANGE CONDUITE DU
GÉNÉRAL BUTLER.

Wilmington (Caroline du Nord) était le port le

plus important de la côte maritime laissé à l'ennemi pour s'approvisionner à l'étranger, et faire sortir le coton et d'autres produits par les coureurs de blocus; de plus, c'était une place d'une grande importance stratégique. La marine avait fait de grands efforts ourp fermer le port de Wilmington, mais ils n'avaient produit qu'un effet partiel. La nature de la langue de terre qui masquait la rivière Cape Fear était telle qu'il fallait surveiller à une si grande distance, que, si l'on n'était pas maître de la terre au nord de New-Inlet ou du fort Fischer, il était impossible à la marine de fermer entièrement le port à l'introduction des coureurs de blocus.

Pour s'assurer la possession de cette terre, on demanda la coopération d'une force de terre, que je consentis à fournir. On commença immédiatement à assembler à Hampton-Roads, sous l'amiral D. D. Porter, le plus formidable armement qui jamais ait été réuni pour la concentration sur un point donné. Cela attira nécessairement l'attention de l'ennemi aussi bien que celle du fidèle Nord; et au milieu de l'imprudence publique et vraisemblablement des officiers des deux branches du service, l'objet exact de l'expédition devint un sujet commun de discussion dans les gazettes du Nord

et du Sud. L'ennemi ainsi averti se prépara à s'y
opposer. Cela causa un retard à l'expédition jusqu'à la dernière partie de novembre, quand étant
de nouveau rappelée par l'honorable G. V. Fox, aide
secrétaire de la marine, je consentis à fournir les
hommes demandés à la fois, et je fus moi-même en
compagnie du major-général Butler, à Hampton-
Roads, où nous eûmes une conférence avec l'amiral
Porter au sujet de la force nécessaire et du moment
du départ. Une force de 6,500 hommes fut jugée
suffisante. Le temps du départ n'était pas arrêté définitivement, mais on pensa que tout serait prêt vers
le 6 décembre, si non avant. Apprenant, le 30 novembre, que Bragg était parti en Géorgie, prenant avec
lui la plupart des forces du voisinage de Wilmington,
je pensai qu'il était de la plus grande importance
que l'expédition arrivât à sa destination avant le
retour de Bragg, et je donnai l'ordre au général
Butler de faire tous les arrangements pour le départ du major général Weitzel, qui avait été désigné
pour commander les forces de terre, en sorte que
la marine ne fut pas retardée un moment.

Le 6 décembre, je donnai les instructions suivantes :

City-Point, Virginie, 6 décembre 1864.

Général : Le premier objet de l'expédition sous le général Weitzel est de fermer à l'ennemi le port de Wilmington. Si on y réussit, le second sera la prise de Wilmington même. Il y a des motifs raisonnables d'espérer le succès, si on peut prendre avantage de l'absence de la plus grande partie des forces de l'ennemi occupées à présent après Sherman en Géorgie. Les ordres que vous avez donnés pour le chiffre et l'équipement de l'expédition sont tous justes, excepté dans le sujet peu important du lieu où ils doivent embarquer et les outils qu'il faut prendre. On atteindra l'objet de l'expédition en effectuant un débarquement sur la grande terre entre la rivière Cap-Fear et l'Atlantique, au nord de l'embouchure nord de la rivière ; si ce débarquement s'effectuait pendant que l'ennemi tient encore le fort Fisher et les batteries qui gardent l'entrée de la rivière, alors les troupes devraient se retrancher, et, en coopérant avec la marine, opérer la réduction et la prise de ces points. Une fois entre nos mains, la marine pourrait entrer dans la baie, et le port de Wilmington serait fermé. Si le fort Fisher et la langue de terre sur laquelle il est construit tombent au pouvoir des troupes immédiatement en débarquant, alors il sera à propos de tenter la prise de Wilmington par une marche forcée et une surprise. S'il faut du temps pour obtenir le premier objet de l'expédition, le second sera soumis à des considérations postérieures.

Les détails de l'expédition vous sont confiés ainsi qu'à l'officier chargé du commandement immédiat des troupes.

Si les troupes du général Weitzel manquent à effectuer le débarquement au fort Fisher ou dans son voisinage, elles retourneront sans délai aux armées qui opèrent contre Richmond.

U. S. GRANT, lieutenant général,

Au major général B. F. Butler.

Le général Butler commandant l'armée d'où on prenait les troupes pour cette entreprise et le territoire où elles devaient opérer, les convenances militaires exigeaient que tous les ordres et instructions passassent par ses mains. C'est ainsi qu'elles furent envoyées ; mais le général Weitzel m'a depuis informé officiellement qu'il n'avait jamais reçu les instructions précédentes et qu'il ne connaissait pas leur existence jusqu'au moment où il lut le rapport officiel du général Butler sur l'échec du fort Fisher, avec mon endossement et les papiers qui l'accompagnaient. Je n'avais pas l'idée que le général Butler accompagnât l'expédition jusqu'à la soirée de son départ pour Bermuda Hundred, et alors, je ne songeais pas à autre chose sinon que le général Weitzel avait reçu toutes les instructions et aurait le commandement. Je me formais plutôt l'idée que le général Butler était influencé par le désir d'être témoin de l'explosion de la poudrière flottante. L'expédition fut arrêtée plusieurs jours à Hampton Roads, attendant le chargement du bateau-poudrière.

L'importance de faire sortir sans délai l'expédition de Wilmington avec ou sans le bateau-poudrière avait été exposée avec insistance au général Butler, et il avait été invité à en donner avis à l'amiral Porter.

Finalement, l'expédition sortit le 13 décembre, et arriva à l'endroit du rendez-vous au large de New-Inlet, près le fort Fisher, dans la soirée du 15. L'amiral Porter arriva dans la soirée du 18, ayant relâché à Beaufort pour prendre des munitions pour les Monitors. La mer ayant

grossi de manière à rendre difficile le débarquement des troupes, et les provisions d'eau et de
charbon étant presque épuisées, la flotte des transports retourna à Beaufort pour faire son plein.
Cela combiné avec l'état du temps différa le retour au lieu du rendez-vous jusqu'au 24. On
fit sauter le bateau-poudrière le 24 au matin avant
le retour du général Butler de Beaufort ; mais il
semblerait, d'après les informations puisées dans
les journaux du Sud que l'ennemi n'avait jamais
été éclairé sur l'objet de l'explosion jusqu'à ce
qu'ils en furent informés par la presse du Nord.

Le 25, un débarquement fut effectué sans opposition et une reconnaissance sous le brigadier
général breveté Curtis poussée en remontant
vers le fort. Mais avant de recevoir un rapport complet du résultat de cette reconnaissance, le général Butler violant directement les instructions
qu'il avait reçues, ordonna le rembarquement des
troupes et le retour de l'expédition.

Le rembarquement se fit dans la matinée du
27. Au retour de l'expédition, les officiers et les
hommes parmi lesquels le major-général breveté
(maintenant brigadier général breveté) M. R. Curtis,
le premier lieutenant G. W. Ross, — le régiment

de volontaires Vermont, le premier lieutenant Geo. W. Walling, et le second lieutenant Gee. Simpson, le 142e volontaire New-York, s'adressèrent volontairement à moi pour me dire, que, quand on voudrait les renvoyer au fort, ils étaient prêts, et que dans leur opinion, on aurait pu le prendre sans grande perte.

ATTAQUE ET SUCCÈS SOUS LE GÉNÉRAL TERRY.

Bientôt après le retour de l'expédition je reçus une dépêche du secrétaire de la marine et une lettre de l'amiral Porter, m'informant que la flotte était encore devant le fort Fisher, et exprimant la conviction que, sous un chef convenable, la place pouvait être emportée. La supposition naturelle que je fis, fut que, quand les troupes eurent abandonné l'expédition, la marine aurait dû en faire autant. Cependant, trouvant que cela n'avait pas eu lieu, je répondis le 30 décembre, avisant l'amiral Porter de rester ; que j'enverrais une force pour essayer à nouveau de prendre la place. Alors je choisis le major général breveté (maintenant major général) A. H. Terry pour commander l'expédition. Elle était composée des mêmes troupes que pour la première, en y ajoutant une petite brigade, comptant environ 1,500 hommes et un petit train de siége. Il ne fut pas jugé nécessaire de débarquer ce dernier. Je remis directement au chef de l'expédition les instructions suivantes :

City-Point, Virginie, 3 janvier 1865.

Général ,

L'expédition confiée à votre commandement a été projetée pour renouveler la tentative de prendre le fort Fisher (Caroline du nord) d'abord, et s'emparer ensuite de Wilmington, si le fort Fisher succombe. Alors vous vous rendrez avec aussi peu de retard que possible vers la flotte mouillée au large de la rivière Cape Fear, et vous rendrez compte de votre arrivée et de votre commandement à l'amiral D. D. Porter qui commande l'escadre du blocus du nord Atlantique.

Il est extrêmement désirable que la plus complète entente existe entre vous et le commandant de la marine. Je vous invite donc à vous consulter librement avec l'amiral Porter et à tenir de lui la part à exécuter par chaque branche du service public, de manière qu'il puisse y avoir unité d'action. Il serait à propos que tout le programme fût expliqué par écrit. J'ai servi avec l'amiral Porter, et je sais que vous pouvez compter sur son jugement et son énergie pour entreprendre ce qu'il propose. Je lui conférerai donc tout ce qui peut s'accorder avec votre propre responsabilité. Le premier objet à atteindre est de s'établir dans une position solide sur la langue de terre où est construit le fort Fisher, afin de partir de là pour opérer contre lui. Vous verrez à la possibilité de recevoir vos approvisionnements et de vous défendre contre les forces supérieures qu'on pourrait envoyer contre vous par n'importe laquelle des avenues ouvertes encore à l'ennemi. Si vous pouvez obtenir une pareille position, le siége du fort Fisher ne sera pas abandonné qu'il ne soit complétement réduit, ou bien qu'un autre plan de campagne ne vous soit ordonné de ce quartier général.

Mes vues personnelles sont que, si vous effectuez un débarquement, la marine doit faire courir une portion de la flotte dans la rivière Cape Clear, pendant que votre partie opérera sur le côté extérieur. Les forces de terre ne peuvent investir le fort Fisher, ou le séparer de ses approvisionnements et de ses renforts tant que la rivière sera en possession de l'ennemi.

On chargera un train de siége sur les bâtiments et on l'enverra au fort Monroë, pour être prêt à vous être envoyé si vous le demandez. On pourra tirer tous les autres approvisionnements de Beaufort, si vous en avez besoin.

Conservez la flotte des transports jusqu'à ce que votre position soit assurée. Quand vous trouverez qu'on peut s'en passer, ordonnez-leur de revenir à Beaufort et adressez-vous à ce quartier général pour les ordres ultérieurs. Vous ne débarquerez pas à Beaufort que vous n'en ayez reçu l'ordre.

Le général Sheridan a reçu l'ordre d'envoyer une division de troupes à Baltimore, et de la mettre sur des navires prêts à prendre la mer. Ces troupes seront amenées au fort Monroë et y seront gardées sur les bâtiments jusqu'à ce qu'on vous ait entendu. Si vous le demandez, on vous les enverra.

U. S. GRANT, lieut. gén.

Au major général breveté A. H. TERRY.

Le lieutenant-colonel C. B. Comstock, aide de camp (maintenant brigadier-général breveté), fut désigné dans les ordres comme ingénieur en chef.

On verra que ces instructions ne diffèrent pas matériellement de celles qu'on avait données pour la première expédition, et que dans aucun cas il n'y avait l'ordre de donner l'assaut au fort Fisher. C'était un point laissé entièrement à la discrétion de l'officier commandant.

L'expédition fit voile du fort Monroë dans la matinée du 6, arriva au rendez-vous devant Beaufort le 8, où, à cause des difficultés du temps, elle resta mouillée jusqu'au 12 au matin, quand elle fit route et arriva à sa destination dans la soirée. Le débarquement des troupes commença sous la protection de la flotte, le 13 au matin, et à 3 heures de l'après-midi, il était effectué sans perte. Le 14, on poussa une reconnaissance à cinq cents yards du fort Fisher, et on s'empara d'un petit ouvrage avancé que l'on changea en ligne de défense contre toute tentative qu'on pouvait faire du fort. Cette reconnaissance fit voir que le front de l'ouvrage avait été sérieusement avarié par le feu de la marine. Dans l'après-midi du 15, on donna l'assaut

au fort, et, après un combat désespéré, il fut pris
avec toute sa garnison et son armement. Ainsi fut
assuré par les efforts combinés de la marine et de
l'armée un des succès les plus importants de la
guerre. Notre perte fut : tués, 110; blessés, 536.
Le 16 et le 17, l'ennemi abandonna et fit sauter
le fort Caswell, et les ouvrages de l'île Smith que
nous occupâmes aussitôt. Cela nous donna le con-
trôle absolu de la rivière Cape Fear.

A ma demande, le major-général B. F. Butler
fut remplacé, et le major-général E. O. C. Ord,
nommé au commandement de la Virginie et de
la Nord-Caroline.

SCHOFIELD AMENÉ DANS L'EST BOUR AIDER SHERMAN.

La défense de la ligne du Tennessee ne récla-
mant plus la force qui avait battu et presque détruit la seule armée qui la menaçait, je me décidai
à trouver d'autres champs d'opérations pour les
troupes en excédant du général Thomas, — afin
qu'elles pussent y coopérer avec d'autres mouvements. Le général Thomas reçut donc l'ordre de
réunir toutes les troupes qui n'étaient pas essen-
tielles pour maintenir les communications à

Eastport, prêtes à recevoir des ordres Le 7 janvier, le général Thomas reçut l'ordre, s'il était sûr du départ de Hood au sud de Corinthe, d'envoyer le général Schofield avec son corps à l'Est, avec aussi peu de retard que possible. Cet ordre fut promptement exécuté, et l'avant-garde du corps arriva à Washington, le 23 du même mois, d'où il avait été envoyé au fort Fisher et à Newbern. Le 26, il fut ordonné d'envoyer le commandement du général A. J. Smith et une division de cavalerie, aux ordres du général Canby. Le 7 février, toute la force était en route pour sa destination.

L'État de la Caroline du Nord était constitué pour former un département militaire, et le général Schofield nommé à son commandement, et mis sous les ordres du major général Sherman. Il reçut les instructions suivantes :

City-Point, Virginie, 31 janvier 1865.

Général : *** Vos mouvements sont destinés à coopérer avec ceux de Sherman dans les États de la Caroline du Nord et de la Caroline du Sud. La première chose à gagner est de s'assurer de Wilmington. Goldboro deviendra alors votre point objectif, marchant de Wilmington ou de Newbern, ou des deux endroits à la fois, selon que vous le jugerez meilleur. Si vous ne pouvez arriver à Goldboro, vous avancerez sur la ligne ou les lignes de chemin de fer qui lient cette place avec la côte, aussi près de cette dernière que vous pourrez, en construisant le chemin sur votre arrière. L'entreprise dont vous êtes chargé a deux objets : le premier est de donner au général Sherman un aide matériel, s'il en est besoin, dans sa marche vers le Nord ; le second, de lui ouvrir une base d'approvisionnements sur sa ligne de marche. Par conséquent, aussitôt que vous pourrez déterminer lequel des deux points, Wilmington ou Newbern, vous pourrez faire servir avec le plus d'avantage pour jeter des approvisionnements dans l'intérieur, vous commencerez à rassembler vingt jours de rations et de fourrage pour 60,000 hommes et 20,000 chevaux. Vous vous procurerez une aussi grande quantité de ces derniers que vous pourrez en loger dans des écuries et protéger sur tel point de l'intérieur que vous pourrez occuper. Je pense que le général Palmer a reçu quelques instructions directes du général Sherman pour assurer les approvisionnements de son armée. Vous pouvez apprendre quelle route il a prise et vous gouverner en conséquence dans vos réquisitions. Il faudra aussi un approvisionnement de munitions d'artillerie.

Adressez toutes vos réquisitions aux chefs des départements respectifs en campagne avec moi, à City-Point. Communiquez avec moi à chaque occasion, et, si vous le jugiez nécessaire à n'importe quel moment, envoyez un navire exprès au fort Monroë, d'où vous pourrez communiquer par le télégraphe.

Les approvisionnements dont il est question dans ces instructions sont indépendants de ceux requis pour votre commandement particulier.

Les mouvements de l'ennemi peuvent justifier, et même vous faire un devoir impérieux, de vous séparer de votre base et de frapper dans l'intérieur pour aider Sherman. Dans ce cas, vous agirez d'après votre propre jugement, sans attendre d'instructions. Vous rendrez compte cependant de ce que vous voulez faire. Le détail de l'exécution de ces instructions vous est laissé nécessairement. J'insisterais cependant, si je ne savais que vous êtes déjà pénétré complètement de son importance, sur une action prompte. On peut regarder Sherman comme devant être dans le voisinage de Goldboro', vers l'époque du 22 au 28 février ; cela limite très-matériellement le temps que vous avez.

Si l'on ne s'assure pas d'un fond de roulement en prenant Wilmington, on pourra recourir à Washington. On a déjà envoyé une grande force d'hommes de chemin de fer à Beaufort, et d'autres mécaniciens iront au fort Fisher, dans un jour ou deux. Je vous ai renseigné sur ce point par le télégraphe.

U. S. GRANT, lieut.-gén.

Au major général J. M. SCHOFIELD.

Avant de donner ces instructions j'avais visité le fort Fisher, accompagné du général Schofield, dans le but de voir par moi-même la condition des choses, et de conférer personnellement avec le général Terry et l'amiral Porter, sur ce qu'il y avait de mieux à faire.

SHERMAN REÇOIT L'ORDRE D'ENVOYER DES SECOURS A MEADE.

Devançant l'arrivée du général Sherman à Savannah, — son armée entièrement dépourvue

d'infanterie, Hood étant alors devant Nashville
(Tennessee) les chemins de fer du sud détruits, de
sorte qu'il eût fallu plusieurs mois pour rétablir
une ligne continue de l'Est à l'Ouest, et regardant
la capture de l'armée de Lee comme l'opération
la plus importante pour arriver à clore la rébellion, — j'envoyai des ordres au général Sherman,
le 6 décembre, pour qu'après avoir établi une base
sur la côte, avec la garnison nécessaire pour comprendre toute son artillerie et sa cavalerie, il vînt
par eau à City-Point, avec le reste de son commandement.

CET ORDRE CONTREMANDÉ.

Le 18 décembre, ayant reçu l'information de la
défaite et de la déroute finale de l'armée de Hood
par le général Thomas, et que, à cause de la grande
difficulté de faire un transport par mer, il faudrait
plus de deux mois pour transporter l'armée de
Sherman, et qu'il était douteux si elle ne pourrait
pas contribuer autant au résultat final en opérant
de l'endroit où il était, je lui écrivis à cet effet, et
lui demandai ses vues sur ce qu'il y aurait de
mieux à faire. Peu de jours après, je reçus du gé-

néral Sherman une communication, datée du 16 décembre, m'accusant réception de mon ordre du 6, et m'informant qu'il se préparait à l'exécution aussitôt qu'il pourrait avoir des transports,—aussi, qu'il avait attendu, Savannah réduit, à marcher aussitôt sur Colombia, Caroline du Sud, de là sur Raleigh, et de là prendre mes ordres; mais que cela prendrait environ six semaines, depuis la chute de Savannah, tandis que par mer il pouvait probablement arriver à moi vers la mi-janvier. La confiance qu'il manifesta dans cette lettre d'être en état de marcher au Nord et de me rejoindre me plut, et sans attendre une réplique à ma lettre du 18, je l'invitai, le 28 décembre, à faire des préparatifs pour partir, comme il le proposait, sans différer, pour rompre en remontant les chemins de fer des Carolines du Nord et du Sud, et rallier les armées d'opération contre Richmond, aussitôt qu'il le pourrait.

Le 21 janvier, j'informai le général Sherman que j'avais ordonné au 23° corps, major général Schofield commandant, d'aller à l'Est : qu'il comptait environ 21,000 hommes; que nous avions au fort Fisher environ 8,000 hommes; à Newbern environ 4,000; que si Wilmington était pris, le général Schofield s'y rendrait, sinon qu'il serait envoyé à Newbern ; que dans l'un et l'autre cas, toute la force qui se trouverait en surplus dans les deux endroits marcherait à l'intérieur vers Goldboro', pour coopérer avec son mouvement ; que de l'un comme de l'autre point on pouvait sortir par des communications de chemin de fer, et que toutes ces troupes seraient soumises à ses ordres à mesure qu'il viendrait en communication avec elles.

PRISE DE WILMINGTON.

Conformément à ces instructions le général Schofield s'avança pour réduire Wilmington, Caroline du Nord, en coopération avec la marine sous l'amiral Porter, faisant remonter ses forces sur les deux rives de la rivière Cape-Fear. Le fort Anderson, la principale défense de l'ennemi sur la rive ouest de la rivière, fut occupé dans la matinée du 19, l'ennemi l'ayant évacué aussitôt que nous parûmes devant.

Après avoir combattu le 20 et le 21, nos troupes entrèrent dans Wilmington dans la matinée du 22, l'ennemi s'étant mis en retraite vers Goldboro' pendant la nuit. On fit en même temps des préparatifs pour un mouvement en deux colonnes sur Goldboro': — l'une, de Wilmington, et l'autre, de Newbern, — et pour réparer le chemin de fer y conduisant de chaque endroit, aussi bien que pour approvisionner par la rivière Cape-Fear, vers Fayetteville s'il devenait nécessaire. La colonne de Newbern fut attaquée le 8 mars à Wise's Forks, et forcée de rétrograder avec une perte de plusieurs centaines de prisonniers. Le 11, l'ennemi renouvela son attaque sur notre position retranchée ; mais fut repoussé avec une perte sévère, et rétrograda pendant la nuit. Le 14, on traversa la rivière Neuve et on occupa Kinston, et le 21 on entra dans Goldboro'. La colonne de Wilmington arriva au pont de Cox, sur la rivière Neuse, dix milles en amont de Goldsboro', le 22.

MARCHE DE SHERMAN AU NORD.

Au 1er février, toute l'armée du général Sherman était en marche, partant de Savannah. Il prit Colombia, Caroline du Sud, le 17. marcha de là sur Goldsboro', Caroline du Nord, par Fayetteville, arriva dans ce dernier endroit le 12 mars, ouvrant

la communication avec le général Schofield, par
le chemin de la rivière Cape-Fear. Le 15, il reprit
sa marche sur Goldsboro'. Il rencontra une force
de l'ennemi à Averysboro', et après un combat sévère la battit et la força à la retraite. Notre perte
dans cet engagement fut d'environ 600 hommes.
La perte de l'ennemi fut beaucoup plus grande.
Le 18, les forces combinées de l'ennemi, sous Joe
Johnson, attaquèrent son avant-garde à Benton-
ville, capturant trois canons et le faisant reculer
sur le corps principal. Le général Slocum, qui était
aux avant-postes, assurant que toute l'armée de
Johnston était en face, disposa ses troupes pour
la défensive, se retrancha lui-même, et attendit
des renforts qui furent poussés en avant. Dans la
nuit du 21, l'ennemi se retira sur Smithfield,
laissant ses morts et ses blessés entre nos mains.
De là, Sherman continua sur Goldsboro', qui
avait été occupé par le général Schofield, le 21,
passant la rivière Neuse à dix milles au-dessus de
cet endroit, au pont de Cox, où le général Terry
avait pris possession, et jeté un pont de pontons
le 22, faisant ainsi sa jonction avec les colonnes
de Newbern et de Wilmington. Parmi les fruits
importants de la campagne était la chute de

Charleston, Caroline du Sud. Elle fut évacuée par
l'ennemi dans la nuit du 17 février et occupée par
nos forces, le 18.

EFFORT POUR DÉLIVRER NOS PRISONNIERS A SALISBURY.

Le 31 janvier au matin, le général Thomas fut
invité à envoyer une expédition de cavalerie sous
le général Stoneman, du Tennessee oriental, pour
pénétrer dans le puits de la Caroline du Sud, vers
Colombia, afin de détruire les chemins de fer et
les ressources militaires du pays, et revenir s'il
pouvait au Tennessee oriental par le chemin de
Salisbury, Caroline du Nord, y délivrant nos prisonniers s'il était possible. Cependant le général
Stoneman devait juger si la dernière chose était
faisable. Le mouvement de Sherman, je n'en
doutais pas, attirerait l'attention de toute la force
que l'ennemi pouvait réunir et faciliterait l'exécution de ce plan. Le général Stoneman fut si lent à
partir pour cette expédition (et Sherman étant sorti
de l'Est de la Caroline du Sud), que le 27 février
j'invitai le général Thomas à changer son itiné-
raire, et je lui ordonnai de recommencer sa pointe
de la dernière Fall, détruisant le chemin de fer

vers Lynchburgh, aussi loin qu'il pourrait. Cela devait le maintenir entre notre garnison dans l'Est Tennessee et l'ennemi. Je regardai comme n'étant pas impossible que, en cas que l'ennemi fût chassé de Richmond, il pût rétrograder sur Lynchburgh, et essayer une pointe au Nord à travers l'Est Tennessee. Le 14 février, la communication suivante fut envoyée au général Thomas :

City-Point, Virginie. 14 février 1805.

Le général Canby prépare un mouvement de la baie de Mobile contre Mobile et l'intérieur de l'Alabama. Sa force se composera d'environ 20,000 hommes, outre le commandement de A. J. Smith. La cavalerie que vous avez envoyée à Canby sera débarquée à Wicksburgh. Cela, avec la cavalerie déjà disponible dans cette section, marchera de là vers l'Est pour coopérer. L'armée de Hood a été terriblement réduite par le sévère châtiment que vous lui avez infligé dans le Tennessee, par la désertion qui est une conséquence de sa défaite, et maintenant par le retrait d'un grand nombre de soldats pour s'opposer à Sherman. (Je suppose qu'une grande portion de l'infanterie a été ainsi retirée. C'est l'assertion des journaux de

Richmond, et un membre du congrès rebelle disait, il y a peu de jours, dans un speech qu'il y en avait la moitié d'enlevée pour l'opposer à Sherman.) Cela étant, ou si c'est faux, le mouvement de Canby attirera toute l'attention de l'ennemi, et laissera l'avant-poste de votre point de station facile. Je pense donc qu'il est à propos que vous prépariez autant de force de cavalerie que vous pourrez en disposer et la tenir prête à aller au Sud. L'objet aurait trois faces : d'abord, attirer autant que possible de force ennemie pour assurer le succès de Canby ; secondement, détruire la ligne de communication de l'ennemi et les ressources militaires ; troisièmement, détruire ou capturer les forces amenées en campagne. Tuscaloosa et Salma seraient probablement les points contre lesquels il faudrait diriger l'expédition. Cela, cependant, ne serait pas si important que le simple fait de pénétrer profondément dans l'Alabama. Il faudrait laisser à l'officier commandant l'expédition la liberté d'aller à sa discrétion, où, conformément aux informations qu'il peut recevoir, il assurera le mieux les objets indiqués ci-dessus.

A présent que votre force a été si affaiblie, je ne sais pas quel nombre d'hommes vous pourrez mettre en campagne. Si cependant vous n'avez pas plus de cinq mille hommes tout cavalerie, je pense que cela suffira. Il n'est pas à désirer que vous fassiez partir cette expédition, d'ici que celle qui part de Wickburgh soit sortie depuis trois ou quatre jours, ou même depuis une semaine. Je ne sais pas quand elle partira; mais je vous en informerai par le télégraphe aussitôt que je l'apprendrai. Si vous l'apprenez par d'autres sources avant moi, vous pourrez agir d'après l'information reçue.

Pour assurer le succès, votre cavalerie devrait aller avec un convoi de wagons, aussi petit que possible, comptant sur le pays pour les approvisionnements. Je réduirais aussi le nombre des canons ou des batteries à une batterie, et je mettrais les attelages en extra dans les wagons capturés. Il ne faudrait prendre ni canons, ni caissons, avec moins de huit chevaux.

Veuillez m'informer par le télégraphe de la réception de cette dépêche, et des forces que vous pensez être en état d'envoyer d'après ces indications.

U. S. GRANT, lieut.-gén.

Au major général G. H. THOMAS.

Le 15, il fut invité à faire partir l'expédition aussitôt après le 20, selon qu'il serait en état de sortir.

SHERIDAN ENCORE SUR LES CHEMINS DE FER.

Je pensais qu'il était de la plus grande importance, avant un mouvement général des armées d'opération contre Richmond, que toutes les communications avec la ville au nord de la rivière James fussent coupées. L'ennemi ayant retiré la masse de ses forces de la vallée de Shenandoah et les ayant envoyées au Sud, ou remplacé les troupes expédiées de Richmond, et désirant, s'il était possible, renforcer Sherman dont la cavalerie était numériquement très-inférieure à celle de l'ennemi, je me décidai à faire un mouvement partant de la Shenandoah, qui, s'il réussissait, accomplirait au moins le premier, et peut-être le dernier de ces objets. Je télégraphiai en conséquence ce qui suit au général Sheridan :

City-Point, Virginie, 20 février 1865, 1 heure de l'après-midi.

Général : Aussitôt qu'il sera possible de voyager, je pense que vous n'aurez aucune difficulté à atteindre Lynchburg avec une force de cavalerie seulement. De là, vous pourrez détruire le chemin de fer et le canal dans toutes les directions, de manière à ce qu'ils ne puissent être d'aucune utilité à la rébellion. Il faudrait laisser en arrière une cavalerie suffisante pour faire face à la bande de Mosby. De Lynchburg, si les informations que vous pourrez vous y procurer le justifiaient, vous pourriez frapper au sud, prenant la tête des rivières de Virginie à l'ouest de Danville, pousser en avant et joindre Sherman. Cette pointe additionnelle avec une autre qui est sur le point de partir de l'est Tennessee sous Stoneman, comptant quatre ou cinq mille cavaliers, une autre de Wickburgh qui en compte sept ou huit mille, une autre d'Easport, Mississipi, de dix mille cavaliers, Canby partant de la baie de Mobile avec environ trente-huit mille hommes de troupes combinées, et Sherman avec une grande armée qui mange tous les vivres de la Caroline du Sud, voilà tout ce qu'il faut pour ne laisser à la rébellion rien sur quoi elle puisse compter. Je serais d'avis de surmonter les plus grands obtacles pour accomplir ceci. Charleston a été évacué mardi dernier.

U. S. GRANT, lieut. gén.

Au major-général P.H. SHERIDAN.

Le 25, je reçus une dépêche du général Sheridan qui me demandait où Sherman se proposait d'aboutir et si je pouvais lui donner un renseignement exact quant aux points sur lesquels il pouvait s'attendre à marcher sur le côté de Charlotte, Coroline du Nord. Le télégramme suivant lui fut envoyé pour réponse :

City-Point, Virginie, 25 février 1865.

Général : Les mouvements de Sherman dépendent de la somme d'opposition qu'il rencontrera de la part de l'ennemi. Si elle est forte, il peut avoir à rétrograder sur Georgetown, Caroline du Sud, et se préparer à partir de nouveau. Je pense cependant qu'il n'y a plus à craindre qu'il soit dans la nécessité d'aller dans cet endroit. Je crois qu'il a dépassé Charlotte. Il peut prendre Fayetteville dans sa route à Goldsboro'. Si vous atteignez Lynchburg, vous aurez à vous guider dans vos mouvements ultérieurs par les informations que vous obtiendrez. Avant qu'il ne vous soit possible d'atteindre Sherman, je pense que vous le trouverez en marche de Goldsboro' vers Raleigh, en engageant l'enneni fortement posté à l'une ou l'autre de ces places, avec la communication en chemin de fer ouverte de son armée à Wilmington ou Newbern.

U. S. GRANT, lieut. gén.

Au major-général P. H. SHERIDAN.

ÉTENDUE DE L'OEUVRE DE SHERIDAN.

Le général Sheridan se mit en marche de Winchester, le 27 février, avec deux divisions de cavalerie comptant environ 5,000 hommes chacune. Le 1er mars, il assura le pont que l'ennemi essayait de détruire à travers la branche du milieu de la Sheandoah, à Mount Crawford, et il entra à Staunton le 2, l'ennemi s'étant retiré à Weynesboro. De là il poussa sur Wagnesboro, où il trouva l'ennemi en force dans une position retranchée, sous le général Early. Sans s'arrêter pour faire une reconnaissance, il attaqua immédiatement ; la position fut emportée, et on prit 1,600 prisonniers, 11 pièces d'artillerie, avec leur complément de chevaux et de caissons, 200 wagons et attelages chargés de subsistances, et 17 drapeaux. Les prisonniers furent renvoyés à Winchester sous une escorte de 1,500 hommes. De là il marcha sur Charlotteville, détruisant en marchant le chemin de fer et les ponts. Il arriva dans cette ville le 3, y resta deux jours, détruisant le chemin de fer vers Richmond et Lynchburg, y compris les grands ponts en fer sur les branches nord et sud de la rivière Rivanna, et attendant l'arrivée de ses trains. Ce délai nécessaire lui fit abandonner l'idée de prendre Lynchburg. Le 6 au matin, divisant sa force en deux colonnes il en envoya une à Scottsville d'où elle remonta le canal de la rivière James à New Market, détruisant toutes les écluses et en beaucoup d'endroits le rebord du canal. De là, il lança une force de cette colonne sur Duiguidsville pour s'emparer du pont qui traverse la rivière James en cet endroit, mais il échoua. L'ennemi le brûla à notre approche. L'ennemi brûla aussi le pont qui traverse la rivière à Hardwicksville. L'autre colonne descendit le chemin de fer vers Lynchburg, le détruisant jusqu'à Amherst Court-House, à 16 milles de Lynchburg; de là, il traversa le pays, s'unissant avec la colonne à New Market. La rivière était très-haute, ses pontons ne pouvaient venir à bout de la traverser, et l'ennemi ayant détruit les ponts par lesquels il avait espéré traverser la rivière et ar-

river sur le chemin de fer de la rive sud vers Farmville et le détruire à Appomatox Court-House,
la seule chose qui lui restât à faire était de retourner à Winchester ou de frapper une base à la
White-House. Heureusement il choisit le dernier
parti. De New Market il prit la ligne de marche en
remontant, suivant le canal vers Richmond, détruisant tous les guichets et coupant les côtés partout où c'était praticable à un point huit milles à
l'est de Goochland, concentrant toute sa force à
Colombia le 10. Là il se reposa un jour et envoya
par des espions l'information de sa présence dans
les environs et de son but et une demande pour
qu'on lui envoyât des approvisionnements à White
House; elle me parvint dans la nuit du 12. Une
force d'infanterie fut envoyée immédiatement
pour s'emparer de White-House, et on fournit des
approvisionnements. Marchant de Colombia dans
une direction pour menacer Richmond, pour approcher la station de Ashland, il traversa les Annas
et après avoir détruit tous les ponts et plusieurs
milles de chemin de fer, il descendit la rive nord,
du Pamunky à White-House où il arriva le 19.

Avant son arrivée la communication suivante
fut envoyée au général Thomas :

City-Point, Virginie, 7 mars 1865, 7 heures 30 du matin.

Général : Je pense qu'il sera à propos maintenant que vous repassiez le chemin le fer de l'est
Tennessee et que vous jetiez une bonne force en
remontant le passage de Bull et que vous l'y forti-
fiiez. On pourra toujours vous fournir de Knoxville
tous les approvisionnements que vous demanderez.
Avec le Bull' Gaps fortifié. vous pouvez occuper
comme avant-postes à peu près tout l'est Tennessee, et être prêt, si l'on avait besoin de vous au
printemps, à faire une campagne vers Linchburg
ou dans la nord Caroline. Je ne pense pas que
Stoneman puisse rompre le chemin de fer avant
d'être en Virginie, à moins qu'il ne soit privé du
fond de roulement qu'il peut prendre à l'ouest de
la Virginie.

U. S. GRANT lieut. gén.

Au major-général G. H. THOMAS.

LA SITUATION EN MARS 1865.

Ainsi on verra qu'en mars 1865, le général
Canby marchait avec une force proportionnée
contre Mobile et l'armée qui défendait cette ville

sous le général Dick Taylor , que Thomas envoyait
deux expéditions de cavalerie bien appropriées, —
l'une du moyen Tennessee sous le major-général
breveté Wilson, contre les points vitaux de l'ennemi en Alabama, l'autre de l'est Tennessee, sous
le major-général Stoneman, vers Lynchburg, —
et assemblant le reste de ses forces disponibles
pour préparer les opérations offensives de l'est Tennessee; la cavalerie du général Sheridan était à
White-House; les armées du Potomac et du James
faisaient face à l'ennemi sous Lee dans ses défenses de Richmond et de Pétersburgh; le général
Sherman, avec ses armées renforcées par celles du
général Schofield, était à Goldsboro'; le général
Pope faisait des préparatifs pour une campagne
de printemps contre l'ennemi sous Kirby Smith
et le général Price à l'ouest du Mississipi, et le général Hancock concentrait une force dans le voisinage de Winchester, Virginie, pour s'opposer à
l'invasion ou agir d'une manière offensive, selon
qu'il serait nécessaire.

Après la longue marche du général Sheridan
sur des routes d'hiver il était nécessaire de se reposer et se refaire à White-House. A cette époque
la plus grande source de contrariété pour moi était

la crainte que l'ennemi ne quittât ses fortes lignes de Pétersburgh et de Richmond en vue de s'unir avec Jonhstone avant qu'il n'en fût chassé par une bataille, ou que je ne fusse préparé à faire une poursuite efficace. Le 24 mars, le général Sheridan partit de White-House, traversa la rivière James à Jones' Landing et opéra sa réunion avec l'armée du Potomac en avant de Pétersburgh le 27. Pendant ce mouvement le général Ord fit remonter des forces pour couvrir le passage du Chickahominy.

INSTRUCTION POUR UN MOUVEMENT GÉNÉRAL.

Le 24 mars on donna les instructions suivantes pour un mouvement général des armées opérant contre Richmond :

City-Point, Virginie, 24 mars 1865.

Général : Le 29 courant, les armées d'opération contre Richmond marcheront par notre gauche dans le double but de trouver l'ennemi en dehors de sa position actuelle autour de Pétersburgh, et pour assurer le succès de la cavalerie sous le général Sheridan, qui partira en même temps dans

ses efforts pour atteindre et détruire les chemins de
fer de la rive sud et de Danville. Deux corps de
l'armée du Potomac marcheront tout d'abord en
deux colonnes, prenant les deux chemins qui tra-
versent Hatcher's Run le plus près possible de l'endroit où la ligne que nous occupons actuellement
frappe ce courant, marchant toutes deux vers Dinwiddie Court-House.

La cavalerie sous le général Sheridan, rejointe
par la division placée à présent sous le général
Davies, marchera en même temps par la route de
Weldon et le chemin en planche de Jérusalem,
tournant à l'ouest de ce dernier avant de traverser
le Nottoway et à l'ouest avec toute la colonne
avant d'arriver à Stony Creek. Le général Sheridan
marchera alors d'une manière indépendante d'a-
près d'autres instructions qu'on lui donnera. Toute
la cavalerie démontée appartenant à l'armée du
Potomac et la cavalerie démontée de la division
militaire du milieu, qui n'est pas nécessaire pour
garder la propriété appartenant au service de leur
arme, prendront les ordres du brigadier-général
Benham, pour être ajoutées aux défenses de City-
Point. Le major général Parke sera laissé au commandement de toute l'armée laissée pour garder

les lignes d'autour de Pétersburgh et de City-Point,
sujet naturellement aux ordres de l'armée du Potomac. Le 9° corps d'armée sera laissé intact pour
tenir la présente ligne d'ouvrages aussi longtemps
qu'on tiendra la ligne entière que nous occupons
actuellement. Si cependant les troupes de la gauche du 9° corps étaient retirées, alors la gauche du
corps peut être jetée en arrière de manière à occuper la position tenue par l'armée avant la prise
de la route de Weldon. Toutes les troupes à gauche
du 9° corps seront tenues prêtes à marcher à la
plus prompte notification, par telle route qui
pourra être désignée en donnant l'ordre.

Le général Ord détachera trois divisions,
deux blanches et une de couleur, ou bien autant
d'hommes qu'il pourra dans ces divisions, et
gardera les lignes actuelles et marchera à la
gauche actuelle de l'armée du Potomac. En l'absence d'ordres ultérieurs, ou jusqu'à ce que
d'autres ordres soient donnés, la division blanche
suivra la colonne de gauche de l'armée du Potomac, et la division de couleur la colonne de
droite. Pendant le mouvement, le major général
Weitzel sera laissé au commandement de toutes
les forces restant derrière l'armée du James.

Le mouvement des troupes de l'armée du James commencera le 27 courant, pendant la nuit. Le général Ord laissera derrière le plus petit nombre de cavaliers nécessaires pour le service des avant-postes, en l'absence de l'armée principale. Une expédition de cavalerie du commandement du général Ord partira aussi de Suffolk pour y rester le 1ᵉʳ avril, sous le colonel Sumner, dans le but de couper le chemin de fer vers Hicksford. Si cela se fait, ce sera une surprise et par conséquent il suffira de trois cents à cinq cents hommes. Ils devraient cependant être soutenus par toute l'infanterie dont on pourra disposer de Norfolk et de Portsmouth aussi loin en dehors que l'endroit où la cavalerie traverse le Blackwater. Le passage se ferait probablement à Uniten. Si le colonel Sumner réussit à atteindre la route de Weldon, il aura pour instruction de faire tout le mal possible au triangle compris entre les routes de Hickford, Weldon et Gaston. Le pont du chemin de fer à Weldon étant disposé pour le passage des voitures, il peut être praticable de détruire toute accumulation d'approvisionnements que l'ennemi peut avoir réunis au sud du Roanoke. Toutes les troupes marcheront

avec quatre jours de ration dans leurs havre-sacs
et huit jours dans les wagons. Pour éviter tout
tiraillement, autant que possible, et pour donner
à l'armée du James le même nombre de jours
de provision qu'à l'armée du Potomac, le général Ord invitera son commissaire et son quartier
maître à avoir des provisions suffisantes délivrées
au bout de la route pour les prendre en passant. On prendra soixante coups de munitions
par homme dans les wagons, et autant de grain
que les transports sous la main pourront en
porter, après avoir pris la quantité spécifiée
d'autres approvisionnements. Le pays fort boi-
sé où l'armée doit opérer rendant l'emploi d'une
grande artillerie impraticable, la quantité prise
avec l'armée sera réduite à six ou huit canons
par division, au choix du commandant d'armée.

On peut commencer ensemble tous les préparatifs nécessaires pour exécuter ces instructions.
Les réserves du neuvième corps seront massées autant que possible. Tandis que je ne leur ordonnerai
pas maintenant une attaque inconditionnelle sur
la ligne de l'ennemi, il faudrait qu'elles fussent
prêtes et qu'elles fissent l'attaque, sans attendre
d'ordres, si l'ennemi affaibli se ligue à leur avant.

En cas qu'ils emportent la ligne, alors tout le 9° corps devra les suivre, de manière à joindre et à coopérer avec le reste de l'armée. Le général Weitzel sera vigilant à garder son front et s'il trouvait praticable de rompre l'ennemi à n'importe quel point, il le fera. Un succès au nord du James aurait les suites les plus promptes. L'attaque ne sera faisable qu'autant que l'ennemi aura expédié de grands détachements. Dans ce cas, on peut regarder comme évident que l'ennemi compte sur ses réserves locales, surtout pour la défense de Richmond. On peut faire des préparatifs pour abandonner toute la ligne au nord du James, excepté les ouvrages fermés, — qu'il faudra abandonner seulement néanmoins après qu'on aura fait une rupture dans les lignes de l'ennemi.

Par ces instructions on laisse en arrière une grande partie des armées opérant contre Richmond. L'ennemi le sachant, peut, pour sa chance unique, depouiller ses lignes et en faire un simple squelette dans l'espoir qu'on n'en tirera pas avantage, pendant qu'il poussera toutes choses contre la colonne de marche, et revenir. Je ne puis insister trop fortement auprès des commandants des troupes laissées dans les tranchées, pour ne pas permettre à la chose de se présenter sans en prendre avantage. Le fait même de l'ennemi sortant pour attaquer, s'il se produit, peut être considéré comme une preuve très-concluante de la faiblesse de ses lignes. Je voudrais enjoindre aussi aux commandants de corps en particulier, qu'en cas d'attaque de l'ennemi, ceux qui ne seront pas attaqués attendissent les ordres de l'officier commandant de l'armée à laquelle ils appartiennent, mais qu'ils marchent avec promptitude et notifient leur action au commandant en chef. Je voudrais aussi enjoindre la même action aux commandants de division, quand les autres parties de leur corps seront engagées. De la même manière j'insisterais sur l'importance de poursuivre l'ennemi une fois repoussé.

U. S. GRANT, lieutenant général,

Aux majors généraux MEADE, ORD ET SHERIDAN.

BATAILLE DU 25 MARS.

Le 25, de bon matin, l'ennemi assaillit nos lignes à l'avant du 9° corps (qui s'étendait de la rivière Appomatox vers notre gauche) et emporta le fort Steadman et une partie de la ligne à sa droite et à sa gauche ; il s'établit dans le fort et tourna les canons contre nous ; mais nos troupes maintinrent le terrain sur les deux flancs jusqu'à ce que les réserves fussent arrivées, quand l'ennemi fut repoussé avec une graude perte en tués et blessés et 1900 prisonniers. Nous perdîmes 68 tués, 337 blessés et 506 absents. Le général Meade ordonna en même temps à l'autre corps d'avancer et de tâter l'ennemi chacun dans son front respectif. Poussant en avant, ils prirent et gardèrent la ligne d'avant-postes fortement 1etranchée de l'ennemi en avant du second et du sixième corps, firent 834 prisonniers. L'ennemi fit des tentatives désespérées pour reprendre cette ligne, mais sans succès. Nos pertes à l'avant de ces lignes furent 52 tués, 864 blessés et 207 absents. La perte de l'ennemi en tués et blessés était beaucoup plus grande.

SHERMAN PRÊT A VENIR AU SECOURS DE MEAD.

Le général Sherman ayant amené paisiblement toutes les troupes au repos dans le camp autour de Goldboro' et ayant fait ses préparatifs pour leur donner des approvisionnements, me rendit visite à City-Point le 27 mars, et m'assura qu'il serait prêt à marcher, comme il me l'avait écrit précédemment, vers le 10 avril, complètement équipé et rationné pour vingt jours, s'il devenait nécessaire d'amener son commandement pour peser sur l'armée de Lee, en coopérant avec nos forces sur l'avant de Richmond et de Pétersburgh. Le général Sherman se proposait dans ce mouvement de menacer Raleigh, et alors, en tournant soudainement à droite, d'atteindre le Roanoke à Gaston ou dans les environs, d'où il pourrait s'avancer sur le chemin de fer de Richmond et Danville, le frappant dans le voisinage de Burksville, ou joindre les armées opérant contre Richmond, suivant qu'on le jugerait plus à propos. Il fut invité à mettre ce plan à exécution, s'il ne recevait pas d'ordres ultérieurs dans l'intervalle. Je lui expliquai le mouvement que j'avais ordonné de commencer pour le 29 mars. Que s'il n'était pas aussi heureux que je l'espérais je partagerais la cavalerie en détachements pour détruire les chemins de fer de Danville et du côté Sud et je priverais ainsi l'ennemi de ses approvisionnements ultérieurs et j'empêcherais aussi la rapide concentration des armées de Lee et de Johnston.

GRANT CRAINT QUE LEE NE S'ÉCHAPPE ET COMMANDE LE GRAND MOUVEMENT D'ENSEMBLE.

J'avais passé des jours d'anxiété, craignant tous les matins qu'on ne vînt m'informer que l'ennemi s'était retiré pendant la nuit. J'étais fermement convaincu que le passage du Roanoke par Sherman serait le signal pour Lee d'évacuer. Une fois réuni à Johnston, une longue campagne fatigante et dispendieuse pouvait devenir nécessaire. En sortant, je mettais l'armée dans une meilleure condition pour poursuivre, et je retarderais du moins, par la destruction du chemin de Danville, la concentration des deux armées de Lee et de Johnston, et j'obligerais l'ennemi à abandonner la plus grande partie du matériel qu'autrement il eût pu sauver. Je me décidai donc à ne pas différer le mouvement ordonné.

Dans la nuit du 27, le major général Ord, avec deux divisions du 24ᵉ corps, le major général Gibbon commandant et une division du 25ᵉ corps,

brigadier général Berney commandant et la cavalerie de Mekenzie, remontèrent leur ligne de
marche par suite des instructions précédentes
et atteignirent la position qui lui était assignée
près des escarpements de Hatcher, dans la matinée, du 29. Le 28 on avait donné les instructions suivantes au général Sheridan.

City-Point, Virginie, 28 mars 1865.

Général : Le 8° corps d'armée marchera par la
route de Waughan demain matin à 3 heures.
Le second se mettra en marche vers 9 heures,
n'ayant que trois milles à parcourir pour arriver au
point qu'il est destiné à prendre sur la droite du
5° corps, après l'arrivée de ce dernier corps à
Dinwiddie Court-House. Faites marcher votre
cavalerie d'aussi bonne heure que vous pourrez,
et sans vous borner à aucune route ou routes
particulières. Vous pouvez sortir par les routes
les plus rapprochées à l'arrière du 5° corps,
passer par la gauche, et passant près ou à travers Dinwiddie atteindre la droite ou l'arrière de
l'ennemi aussitôt que vous pourrez. Ce n'est pas
mon intention d'attaquer l'ennemi dans sa position retranchée, mais de le forcer à en sortir s'il

est possible. S'il sortait ou s'il nous attaquait ou qu'il allât lui-même où on peut l'attaquer, avancez avec toutes vos forces sur votre propre chemin et en comptant complétement que l'armée s'engagera et suivra suivant que les circonstances en décideront. Je serai sur le terrain, et pourrai probablement communiquer avec vous. Si je ne le faisais pas et que vous trouviez que l'ennemi se tient dans sa principale ligne de retranchements, vous pouvez couper par détachements et pousser sur la route de Danville, si vous le trouvez praticable. J'aimerais vous voir passer la route du côté Sud, entre Pétersburgh et Burkesville, et la détruire sur une certaine étendue. Je ne vous donnerais par l'avis de vous y arrêter beaucoup, cependant jusqu'à ce que vous atteigniez la route de Danville que j'aimerais à vous voir frapper aussi près que possible de l'Appomatox; faites aussi complète que possible la destruction de cette route. Vous pouvez alors passer sur la route du côté Sud, à l'ouest de Burkesville, et la détruire de la même façon.

Après avoir accompli la destruction des deux chemins de fer qui sont maintenant les deux seules avenues d'approvisionnement de l'armée de Lee, vous pouvez retourner à cette armée, choisissant votre route ultérieure par le sud, et vous pouvez avancer dans la Caroline du nord et joindre le général Sherman. Si vous choisissez la dernière voie, informez m'en aussi vite que possible, de manière que je puisse envoyer des ordres pour vous rencontrer à Goldsboro'.

U. S. GRANT, lieut.-gén.

Au major général T. H. SHERIDAN.

COMMENCEMENT DE LA FIN.

Le 29 au matin, le mouvement commença. A la nuit la cavalerie était à Dinwiddie Court-House, et la gauche de notre ligne d'infanterie s'étendait à la route du Quaker, près de son intersection avec la route de planche de Boydton. La position des troupes de la gauche à la droite était comme suit : Sheridan, Warren, Humphreys, Ord, Wright, Parke.

Tout paraissait favorable pour .la défaite de l'ennemi et la prise de Pétersburgh et de Richmond, si on faisait l'effort convenable. J'adressai en conséquence la communication suivante au général Sheridan, l'ayant informé préalablement de vive voix de ne pas se débander pour la pointe indiquée dans ses ordres jusqu'à ce qu'il reçût de ma part la notification de le faire.

Gravelly Creek, 20 mars 1865.

Général : Notre ligne est maintenant continue depuis l'Appomatox jusqu'à Dinwiddie. Nous sommes tous prêts néanmoins à l'abandonner entièrement depuis le chemin de planche de Jérusalem jusqu'à l'escarpement de Hatcher, partout où l'on pourra employer la force avec avantage. Après avoir gagné la ligne au sud de Hatcher, nous avons poussé en avant pour trouver la position de l'ennemi ; le général Grifforth a été attaqué près de l'endroit où la route du Quaker coupe le chemin de Boydton, mais on a repoussé facilement l'ennemi en lui prenant une centaine d'hommes. Humphreys a atteint le moulin de Dabney et poussait en avant-garde quand on a entendu ce dernier.

Je sens que j'aime maintenant à finir ce sujet s'il est possible avant de reculer. Je n'ai pas besoin de vous, par conséquent, pour vous débander et aller quant à présent sur les routes de l'ennemi. Ce matin, poussez l'ennemi tout à l'entour si vous pouvez, et gagnez l'arrière de sa droite Les mouvements de la cavalerie de l'ennemi peuvent naturellement modifier votre action. Vous agirez tous ensemble comme une seule armée en cet endroit jusqu'à ce qu'on voie ce qu'on peut faire avec l'ennemi. L'officier des signaux au moulin de Kobb a rapporté à 11 heures du matin, qu'une colonne de cavalerie avait passé ce point allant de Richmond à Pétersburgh, mettant quarante minutes à passer.

U. S. GRANT, lieut.-gén.

Au major général P. H. SHERIDAN.

GROSSE TEMPÊTE DE PLUIE COMME DE COUTUME. PROGRÈS DE LA GUERRE.

Depuis la nuit du 29 jusqu'à la matinée du 31, la pluie tomba en torrents tels qu'il fut impossible de faire marcher un véhicule à roues, sauf quand on tapissait le chemin de Cordaroy en avant. Pendant la journée du 30, Sheridan avança de Dinwiddie Court-House vers les cinq fourches où il trouva l'ennemi en force ; le général Warren avança et étendit sa ligne en travers du chemin de planches de Boydton pour approcher la route du White-Oak, en vue de se mettre à cheval sur cette dernière; mais trouvant l'ennemi fort sur son front et s'étendant au-delà de sa gauche, il fut invité à se maintenir à l'endroit où il était et à s'y fortifier. Le général Humphreys chassa l'ennemi de devant lui dans sa principale ligne de Hatcher près les moulins de Burgess. Les généraux Ord, Wright et Parke firent des reconnaissances sur leur avant, pour décider s'il était praticable d'assaillir les lignes de l'ennemi. Les deux derniers rendirent un rapport favorable. L'ennemi nous faisant face, comme il le faisait à chaque point depuis Richmond jusqu'à notre extrême ganche, je compris que ses lignes devaient être faiblement gardées et qu'on pouvait y pénétrer, si mon estimation de ses forces était exacte. Je me décidai donc à ne pas étendre davantage ma ligne, mais à renforcer le général Sheridan avec un corps d'infanterie, et à le mettre ainsi en état de se détacher et de tourner le flanc droit de l'ennemi et à assaillir ses lignes avec l'autre corps. Le résultat de l'effort offensif de l'ennemi la semaine précédente, quand il donna l'assaut au fort Steadman, favorisait mon plan. La ligne retranchée d'avant-postes de l'ennemi, prise par nous à cette époque, jetait les lignes occupées par les belligérants si proches l'une de l'autre en certains endroits, qu'il ne fallait qu'une course d'un moment pour aller de l'une à l'autre. Des préparatifs furent faits à la fois pour remplacer le corps du général Humphreys, pour le donner à Sherman; mais la condition des routes empêchait un mouvement immédiat. Dans la matinée du 31, le général Warren rendit un compte favorable pour s'emparer de la route du White-Oak, et fut invité à le faire. Dans ce but, il marcha avec une division, au lieu de tout son corps, qui fut attaquée par l'ennemi en force supérieure et repoussée sur la seconde division avant qu'il n'eût eu le temps de se former, et celle-ci à son tour fut refoulée sur la troisième division, quand l'ennemi échoua. Une division du second corps fut envoyée immédiatement à son secours, l'ennemi repoussé avec une grande perte, et on prit possession de la route de White-Oak. Sheridan s'avança, et avec une portion de sa cavalerie prit possession de Five Forks ; mais l'ennemi, après l'affaire avec le

cinquième corps, renforça la cavalerie rebelle, défendant ce point avec l'infanterie, et le força de
reculer vers Dinwiddie Court-House. A cette
occasion, le général Sheridan montra un grand
talent de général. Au lieu de se retirer avec tout
son commandement sur l'armée principale, pour
raconter l'histoire des forces supérieures qu'il avait
rencontrées, il déploya sa cavalerie à pied, ne laissant de montés qu'un nombre d'hommes suffisant
pour maintenir les chevaux. Cela força l'ennemi
à se déployer sur une vaste étendue de bois et de
pays rompus, et ralentit sa marche. Dans cette
conjoncture il me dépêcha pour m'apprendre
ce qui avait eu lieu et qu'il coulait lentement sur
l'arrière à Dinwiddie Court-House. La cavalerie
du général Makensie et une division du cinquième
corps reçurent immédiatement l'ordre d'aller à
son secours. Bientôt après recevant un rapport
du général Meade qu'Humphreys pouvait garder
notre position sur la route de Boydton et que
les deux autres divisions du cinquième corps pouvaient aller à Sheridan, on leur commanda d'aller
ensemble. Ainsi les opérations de la journée nécessitaient d'envoyer Warren, à cause de son
accès plus facile, au lieu de Humphreys, comme

on en avait l'intention et précipitaient les mouvements projetés. Dans la matinée du 1" avril le général Sheridan, renforcé par le général Warren, chassa l'ennemi sur Five Forks, où tard dans la soirée il l'assaillit et emporta sa forte position fortifiée, capturant toute son artillerie, et de 5,000 à 6,000 prisonniers. Vers la fin de cette bataille, le major général breveté Charles Griffin releva le major général Warren dans le commandement du cinquième corps.

Le rapport de cet évènement m'arriva après la nuit tombée. Quelques appréhensions remplissaient mon esprit de la crainte que l'ennemi n'abandonnât ses lignes pendant la nuit et ne tombât sur le général Sheridan avant qu'on ne pût lui venir en aide, pour le chasser de sa position et ouvrir le chemin de la retraite. Pour l'empêcher, la division du général Miles du corps de Humphreys fut envoyée pour le renforcer, et on commença un bombardement qui dura jusqu'à quatre heures du matin, le 2 avril, quand on commanda l'assaut sur les lignes de l'ennemi. Le général Wright pénétra dans les lignes avec tout son corps, balayant tout devant lui, et à sa gauche vers l'escarpement de Hatcher, capturant plusieurs canons et faisant plusieurs milliers de prisonniers. Il fut suivi de près par deux divisions du commandement du général Ord, jusqu'à ce qu'il rencontra l'autre division du général Ord qui avait réussi à forcer les lignes de l'ennemi près de l'escarpement de Hatcher. Les généraux Wright et Ord se replièrent immédiatement à droite et enfermèrent dans Pétersburgh tous les ennemis qui étaient de ce côté vis-à-vis d'eux, pendant que le général Humphreys poussait en avant avec deux divisions et joignait le général Wright sur la gauche. Le général Parke réussit à emporter la principale ligne de l'ennemi, capturant canons et prisonniers, mais il lui fut impossible d'emporter sa ligne extérieure. Le général Sheridan étant informé de la condition des affaires renvoya le général Miles à son commandement propre. En atteignant les lignes de l'ennemi qui entourent immédiatement Pétersburgh, une portion du corps du général Gibbon, par une charge très-hardie, captura deux forts ouvrages fermés, — les plus saillants et qui commandaient le sud de Pétersburgh, — abrégeant ainsi matériellement la ligne d'investissement nécessaire pour prendre la ville. L'ennemi au sud de Hatcher's Run

se retira à l'ouest de la station de Sultherland
où ils furent surpris par la division de Miles.
Un engagement sévère s'ensuivit et dura jusqu'à
ce que ses deux flancs de droite et de gauche
furent menacés par l'approche du général Sheridan qui marchait de la station de Ford vers
Pétersburgh et une division envoyée par le général Meade de l'avant de Pétersburgh, quand
il fut mis dans la dernière confusion, laissant
entre nos mains ses canons et plusieurs prisonniers. Cette force se retira sur la principale route
le long de la rivière Appomatox.

LEE S'ENFUIT DE RICHMOND.

Pendant la nuit du 2, l'ennemi évacua Pétersburgh et Richmond et se retira vers Danville. La
poursuite commença dans la matinée du 3. Le
général Sheridan poussa sur la route de Danville, gardant de près l'Appomatox suivi par le
général Meade avec le second et le sixième corps.
Pendant que le général Ord marchait de Burkesville le long de la route du côté du sud,
le neuvième corps s'étendait derrière lui le long
de cette route. Le 4, le général Sheridan frappa

la route de Danville près Jettersville, où il apprit que Lee était à Amelia-Court-House. Il se retrancha immédiatement et attendit l'arrivée du général Meade, qui y arriva le lendemain; le général Ord arriva à Burkesville dans la matinée du 5.

Dans la matinée du 5, j'adressai au major-général Sherman la communication suivante :

Vilson's Station, 5 avril 1865.

Général :—Tout indique à présent que Lee essaiera de gagner Danville avec le reste de ses forces. Sheridan, qui était remonté avec lui la nuit dernière, estime tout ce qui lui reste : chevaux, fantassins et dragons — à 20,000 hommes, la plupart démoralisés. Nous espérons réduire ce nombre à moitié. Il poussera sur Burkesville et si on fait halte à Danville, j'irai là en très-peu de jours. S'il vous est possible de le faire, poussez en avant de l'endroit où vous êtes, et laissez-nous voir si nous ne pouvons pas finir notre tâche avec les armées de Lee et de Johnston. Vous serez mieux en état quand vous recevrez ceci de juger s'il vaut mieux que vous frappiez sur Greensboro ou plier près de Danville. Les armées rebelles sont à présent les seuls points stratégiques à frapper.

U. S. GRANT, lieut.-gén.

Au major général W. T. SHERMAN.

Dans la matinée du 6, on trouva que le général Lee marchait à l'ouest de Jettersville vers Danville. Le général Sheridan marcha avec la cavalerie (le cinquième corps ayant été renvoyé au général Meade à son arrivée à Jettersville), pour frapper son flanc, suivi par le sixième corps, tandis que le deuxième et le cinquième corps le pressaient vivement, le forçaient à abandonner plusieurs centaines de wagons et plusieurs pièces d'artillerie. Le général Ord s'avança de Burkesville vers Farmville, envoyant deux régiments d'infanterie et un escadron de cavalerie sous le brigadier général breveté Théodore Read, pour atteindre et détruire les ponts. Cette avantgarde rencontra la tête de la colonne de Lee près Farmville, elle l'attaqua en héros et l'arrêta jusqu'à ce que le général Read fût tué, et sa petite force écrasée. Cela causa un retard dans les mou-

vements de l'ennemi et mit le général Ord en
état de se bien remonter avec le reste de ses forces
dans une rencontre où l'ennemi se retrancha
immédiatement. Dans l'après-midi, le général
Sheridan frappa l'ennemi au sud de Sailor's Creek,
captura seize pièces d'artillerie et environ 400 wagons, et l'arrêta jusqu'à ce que le sixième corps
fût remonté, quand eut lieu une attaque générale
d'infanterie et de cavalerie. Elle eut pour résultat 6 à 7 mille prisonniers parmi lesquels plusieurs officiers généraux. Les mouvements du
second corps et le commandement du général
Ord contribuèrent pour beaucoup au succès de
cette journée.

Dans la matinée du 7, la poursuite fut renouvelée, la cavalerie, excepté une division et
le cinquième corps, marchant par Prince Edward
Court's House. Le sixième corps sous le commandement du général Ord et une division de cavalerie sur Farmville, et le second corps par la route
de High Bridge. On trouva bientôt que l'ennemi
avait passé au nord de l'Appomatox ; mais la
poursuite fut si serrée, que le second corps s'empara du pont ordinaire de High Bridge, avant
que l'ennemi n'ait pu le détruire, et le traversa

immédiatement. Le sixième corps et une division
de cavalerie traversèrent à Farmville pour venir
à son aide.

NÉGOCIATIONS OUVERTES POUR LA REDDITION DE LEE.

Trouvant alors que le général Lee n'avait
aucune chance de s'échapper, je lui adressai de
Farmville la communication suivante :

7 avril 1865.

Général : Le résultat de la dernière semaine
doit vous convaincre qu'un prolongement de
résistance de la part de l'armée du nord de la
Virginie est tout à fait sans espoir. Je sens
qu'il en est ainsi, et je regarde comme un devoir
de me décharger de toute responsabilité pour
le sang qui peut être répandu à l'avenir, en
vous demandant la reddition de la portion de
l'armée des États confédérés connue sous le
titre d'armée de la Virginie du nord.

U. S. GRANT, lieut.-gén.

Au général R. E. LEE.

Le 8 de bon matin, avant de partir, je reçus à Farmville la réponse qui suit :

Général : J'ai reçu votre note de cette date. Quoique je ne partage pas l'opinion que vous exprimez sur le désespoir d'une résistance prolongée de la part de l'armée de la Virginie du nord, je partage avec vous le désir d'éviter une effusion inutile de sang, et par conséquent, avant de prendre vos propositions en considération, je vous demande en quels termes vous posez les conditions de la reddition.

R. E. Lee, général.

Au lieutenant-général U. S. Grant.

Je répondis immédiatement :

8 avril 1865.

Gentlemen : Votre note d'hier au soir, en réponse à la mienne de la même date demandant la condition d'après laquelle j'accepterai la reddition de l'armée de la Virginie du nord, vient d'être reçue. En réponse, je vous dirai que la paix étant mon grand désir, il n'y a qu'une condition sur laquelle j'insisterai, savoir : que les hommes et officiers rendus n'auront plus qualité pour reprendre les armes contre le gouvernement des États-Unis jusqu'à ce qu'ils aient été échangés dans les formes. Je vous enverrai ou je vous désignerai des officiers pour s'entendre avec les officiers que vous nommerez dans le même but en tout endroit qu'il vous conviendra, afin d'arranger définitivement les termes dans lesquels la reddition de l'armée de la Virginie du nord sera reçue.

U. S. GRANT, lieut.-gén.

Au général R. S. LEE.

La poursuite fut reprise de bonne heure dans la matinée du 8. Le général Meade suivit le nord de l'Appomatox, et le général Sheridan avec toute la cavalerie poussa droit à la station d'Appomatox, suivi par le commandement du général Ord et le 5e corps. Pendant le jour, l'avant-garde du général Meade eut un combat considérable avec l'arrière-garde de l'ennemi, mais ne put en venir à un engagement général. A une heure avancée dans la soirée, le général Sheridan frappa le chemin de fer à la station Appomatox, en chassa l'ennemi et captura vingt-cinq pièces d'artillerie, un train d'hôpital et quatre convois de chariots chargés d'approvisionnements pour l'armée de Lee. Pendant cette journée j'accompagnai la colonne du général Meade, et vers minuit je reçus la communication suivante du général Lee :

8 avril 1865.

Général : J'ai reçu à une heure avancée votre note d'aujourd'hui. Dans la mienne d'hier je n'avais pas l'intention de proposer la reddition de l'armée de la Virginie du Nord, mais de vous demander les termes de votre proposition. Pour être franc, je ne pense pas qu'il se soit produit d'événement de nature à ce qu'il soit question de la reddition de cette armée; mais comme le rétablissement de la paix devrait être le seul objet de tous, je désirerais savoir si vos propositions tendraient à ce but : je ne puis, par conséquent, vous rencontrer en vue de rendre l'armée de la Virginie du Nord ; mais autant que vos propositions pourront concerner les forces confédérées, placées sous mon commandement et tendre au rétablissement de la paix, il me serait agréable de vous rencontrer demain matin à 10 heures, sur l'ancienne route des diligences à Richmond, entre les lignes d'avant-postes des deux armées.

R. E. LEE, gén.

Au lieutenant-général U. S. GRANT.

Le 9 de bon matin, je lui renvoyai la réponse suivante, et je partis immédiatement pour joindre la colonne au sud de l'Appomatox.

9 avril 1865.

Général : Votre note d'hier est reçue. Je n'ai aucune autorité pour traiter au sujet de la paix. La rencontre que vous me proposez pour aujourd'hui, à 10 heures du matin, ne pouvait rien amener de bon. Je constaterai cependant, général, que je désire autant la paix que vous-même, et le Nord tout entier partage les mêmes sentiments. Les termes d'après lesquels on peut avoir la paix sont bien compris : du côté du sud, en déposant les armes, on hâtera cet événement très-désirable, on sauvera des milliers de vies humaines et des centaines de millions de propriétés qui ne sont pas encore détruites. Désirant sérieusement que toutes nos difficultés puissent être aplaquies sans perdre une vie de plus, je soussigné moi, etc.

U. S. GRANT, lieut.-gén.

Au général R. E. LEE.

Dans la matinée du 9, le commandement du général Ord et le 5ᵉ corps arrivèrent à la station d'Appomatox, juste au moment où l'ennemi faisait un effort désespéré pour rompre notre cavalerie. L'infanterie fut lancée dans le conflit. Bientôt après on reçut un drapeau blanc désirant une suspension des hostilités pendant les négociations pour se rendre.

Avant d'arriver au quartier-général du général Sheridan, je reçus la note suivante du général Lee.

9 avril 1865.

Général : J'ai reçu votre note de ce matin sur la ligne d'avant-poste, où j'étais venu pour vous rencontrer et m'assurer définitivement quels termes étaient renfermés dans vos propositions d'avant-hier au sujet de la reddition de cette armée. Je vous demande maintenant une entrevue en harmonie avec l'offre contenue dans votre lettre d'avant-hier dans ce but.

R. E. LEE, gén.

Au lieutenant général GRANT.

RENCONTRE DE GRANT ET DE LEE. REDDITION.

L'entrevue eut lieu à Appomatox Court-House : son résultat est exposé dans la correspondance suivante :

Appomatox Court-House, Virginie, 0 avril 1865.

Général : Conformément à la substance de ma lettre du 8 courant, je propose de recevoir la reddition de l'armée de la Virginie du Nord sous les termes suivants, savoir : Les rôles de tous les officiers et hommes seront faits en duplicata, une copie pour être donnée à un officier désigné par moi, l'autre pour être conservée par tel officier ou officier que vous pourrez désigner. Les officiers donneront individuellement leur parole de ne pas prendre les armes contre le gouvernement des Etats-Unis, jusqu'à ce qu'ils aient été échangés dans les formes ; et chaque commandant de compagnie ou de régiment signera une parole semblable pour les hommes de son commandement.

Les armes, l'artillerie et la propriété publique seront empaquetés et étiquetés, et renvoyés aux officiers désignés par moi pour les recevoir. Cela ne comprendra pas les armes de côté des officiers, ni les chevaux et bagages qui leur appartiennent. Cela fait, il sera permis à chaque officier et à chaque homme de retourner dans sa maison, sans y être dérangés par l'autorité des Etats–Unis, aussi longtemps qu'ils observeront leurs paroles et les lois en vigueur dans les lieux de leur résidence.

U. S. GRANT, lieut.-gén.

Au général R. E. LEE.

Quartier-général de l'armée de la Virginie
du Nord, 9 avril 1865.

Général : J'ai reçu votre lettre datée d'aujourd'hui, contenant les termes de la reddition de l'armée de la Virginie du Nord, telle que vous les proposez. Comme ils sont les mêmes en substance que ceux exprimés dans votre lettre du 8 courant, ils sont acceptés. Je vais désigner les officiers convenables pour effectuer les stipulations.

R. E. LEE, lieut.-gén.

Au lieutenant-général U. S. GRANT.

Le commandement du major général Gibbon, le 5ᵉ corps d'armée sous Griffith, et la cavalerie de Mackenzie, furent désignés pour rester à Appomatox Court-House, jusqu'à ce que les paroles pour la reddition de l'armée eussent été complétées, et pour prendre en charge la propriété publique. Le reste de l'armée retourne immédiatement dans le voisinage de Burkesville.

La grande influence du général Lee sur tout le Sud fut cause que son exemple fut suivi, et aujourd'hui le résultat est que les armées dernièrement sous sa conduite sont dans leurs maisons, désirant la paix et le repos, et leurs armes sont dans les mains de nos officiers d'artillerie.

Négociation de Sherman avec Johnston.

A la réception de ma lettre du 5, le général Sherman marcha directement contre Joe Johnston, qui se retira rapidement sur Raleigh qu'il traversa. Sherman occupa cette place dans la matinée du 13. La veille il avait reçu la nouvelle de la reddition de Lee à Smithfield.

Le 14, une correspondance fut ouverte entre le général Johnston, qui aboutit, le 18, à une convention pour une suspension d'hostilités et à un memorandum ou base de paix sujette à l'approbation du président. Cet accord fut désapprouvé par le président le 21. Cette désapprobation avec vos instructions fut communiquée au général Sherman, par moi en personne, dans la matinée du 24, à Raleigh, Caroline du Nord, pour obéir à vos ordres. Il en donna aussi connaissance au général Johnston, pour la fermeture de l'armistice auquel il avait consenti. Le 25, on acquiesça à une autre entrevue, qui devait avoir lieu entre eux. Le 26, elle finit par la reddition et le congédiement de l'armée du général Johnston, d'après les mêmes termes qui avaient été donnés en substance au général Lee.

Opération du général Stoneman.

L'expédition du général Stoneman, dans l'est Tennessee, partit le 20 mars, marchant par le chemin de Boone, Caroline du Nord, et frappa le chemin de à Whiteville, Chambersburgh et Bighick. La force qui frappa à Bighick poussa en avant à quelques milles de Lynchburg, détruisant les ponts importants pendant qu'avec la principale force il le détruisait effectivement entre New River et Bighick, et alors il tourna pour aller à Greensborough, sur le chemin de fer de la Caroline du Nord ; frappé ce chemin et détruit les ponts entre Danville et Greensborough, et entre Greensborough et le Yadkin, en même temps que les dépôts d'approvisionnements qui étaient auprès et fait quatre cents prisonniers. A Salisbury, il attaqua et défit une force de l'ennemi sous le général Gardiner, s'emparant de quatorze pièces d'artillerie et de mille trois cent soixante-quatre prisonniers, et détruisit de grandes quantités de provisions de l'armée. En cet endroit, il détruisit quinze milles de chemin de fer et les ponts d'autour de Charlotte. De là il marcha sur Hatersville.

PRISE DE MOBILE.

Le général Canby, qui avait été invité en janvier à faire des préparatifs pour un mouvement contre Mobile et l'intérieur de l'Alabama, commença son mouvement le 20 mars. Le 16° corps, major-général A. J. Smith commandant, marcha du fort Gaines par eau sur Fish River; le 13° corps, sous le major général Gordon Granger, marcha du fort Morgan et joignit le 16° corps sur Fish River, marchant tous deux de là sur Spanish Fort et l'investissant le 27; tandis que le commandement du major général Steele, parti de Pensacola, après avoir coupé le chemin de fer allant de Tensas à Mongomery, effectuait sa jonction avec eux, et investissait en partie le fort Blakely. Après un sévère bombardement de Spanish Fort, une partie de ses lignes fut emportée le 8 avril. Pendant la nuit, l'ennemi évacua le fort : le fort Blakely fut emporté d'assaut le 9, et on fit plusieurs prisonniers; notre perte fut considérable. Ces succès nous ouvraient en réalité la rivière Alabama et nous donnaient la possibilité de nous approcher de Mobile par le nord. Dans la nuit du 11, la ville fut évacuée, et nos forces en prirent possession, le 12 au matin.

ŒUVRE DE WILSON DANS L'ALABAMA.

L'expédition sous le commandement du major général breveté Wilson, composée de 12,500 hommes montés, fut retardée par les pluies jusqu'au 22 mars, quand elle marcha de Checkasaw, Alabama. Le 1ᵉʳ avril, le général Wilson rencontra l'ennemi en force, sous Forrets, près d'Ebenena Church, le chassa en confusion, fit trois cents prisonniers, prit trois canons et détruisit le pont central sur la rivière Cahawba, Le 2, il attaqua et prit la ville fortifiée de Selma, défendue par Forrest avec sept mille hommes et trente-deux canons; il détruisit l'arsenal, le magasin d'armes, la fonderie de la marine, les ateliers des machines, de grandes quantités de provisions et fit trois mille prisonniers. Le 4, il prit et détruisit Tuscaloota. Le 10, il passa la rivière Alabama et après avoir envoyé la nouvelle de ses opérations au général Canby, il marcha sur Montgomery, place qu'il occupa le 14, l'ennemi l'ayant abandonnée. A cet endroit beaucoup d'approvisionnements et cinq stamboats tombèrent entre nos mains. De là une force marcha directement sur Colombus, et une autre sur West-Point; on donna l'assaut à ces deux places et elles furent prises le 16. A la première place nous gagnâmes quinze cents prisonniers et cinquante-deux canons de campagne, nous détruisîmes deux canonnières, le chantier de la marine, les fonderies; l'arsenal, plusieurs comptoirs, et beaucoup d'autres propriétés publiques. Au dernier endroit nous gagnâmes trois cents prisonniers, quatre canons, et nous détruisîmes dix-neuf locomotives et trois cents chariots.

Le 20, il prit possession de Macon, Georgie, avec soixante canons de campagne, douze cents hommes de milice et cinq généraux, rendus par le général Howill Cobb. Le général Wilson, apprenant que Jefferson Davis essayait de s'échapper, envoya des forces à sa poursuite et le prit dans la matinée du 11 mai.

REDDITION DE DICK TAYLOR. MAUVAISE FOI DE KIRBY SMITH.

Le 6 mai, le général Dick Taylor rendit au général Canby toutes les forces rebelles restées à l'est du Mississipi. Une force suffisante pour assurer un triomphe facile sur l'ennemi sous Kirby Smith à l'ouest du Mississipi, fut aussitôt mise en marche par le Texas, et le major général Sheridan désigné pour en prendre le commandement ; mais le 26 mai, et avant qu'ils ne fussent arrivés à destination, le général Kuby Smith rendit tout son commandement au major-général Canby. Cette reddition, néanmoins, ne se fit qu'après la prise du président et du vice-président des rebelles, et on vit la mauvaise foi de Kirby Smith dans l'armée qu'il licencia et à laquelle il permit de ravager à discrétion les propriétés publiques.

LA FRONTIÈRE MEXICAINE.

A cause du rapport que plusieurs de ceux qui étaient dernièrement en armes contre le gouvernement s'étaient réfugiés sur le sol mexicain, emportant avec eux des armes qui appartenaient de droit aux États-Unis, et qui nous avaient été rendues par convention, — parmi eux quelques chefs qui s'étaient rendus en personne — et de l'état de trouble des affaires sur le Rio-Grande, les ordres donnés aux troupes de marcher sur le Texas ne furent pas changés.

Il y eut plusieurs combats sevères, des pointes, des expéditions et des mouvements, pour détruire les desseins et les vues de l'ennemi dont la plupart firent jaillir un grand crédit sur nos armes, et qui contribuèrent grandement à notre triomphe final : je ne les ai pas mentionnés. On en trouvera plusieurs clairement exposés dans les rapports ci-annexés ; quelques-uns, dans les télégrammes et les brèves dépêches qui les annoncent. Pour les autres je regrette de le dire, il n'y a pas encore eu de rapport officiel.

Pour les informations relatives à nos difficultés avec les Indiens, je m'en rapporte respectueusement aux rapports des commandants des départements où elles ont eu lieu.

La valeur de nos armées.

J'ai eu la bonne fortune de voir combattre les armées dans l'Ouest et dans l'Est, et, d'après ce que j'ai vu, je sais qu'il n'y a pas de différence dans leurs qualités de combat. Elles ont fait sur le champ de bataille tout ce qui était possible à des hommes : les armées de l'Ouest ont commencé leurs batailles dans la vallée du Mississipi et ont reçu la reddition finale de l'armée principale qui lui était opposée dans la Caroline du Nord. Les armées de l'Est ont commencé leurs batailles sur la rivière d'où l'armée du Potomac a tiré son nom et ont reçu la reddition finale de leur ancien antagoniste à Appomatox Court-House, Virginie. Les exploits brillants de chacune d'elles ont nationalisé nos victoires, éloigné toutes les jalousies (dont nous nous sommes malheureusement trop ressentis) et la source des récriminations qui auraient suivi, si l'une ou l'autre section avait failli à son devoir.

Toutes ont eu un souvenir de fierté, et toutes les sections peuvent se féliciter ensemble et en face l'une de l'autre, d'avoir fait chacune leur partie pour restaurer la souveraineté de la loi sur chaque pied du territoire appartenant aux États-Unis. Permettez leur d'espérer une paix et une bonne harmonie perpétuelle avec cet ennemi, dont le courage, quoique employé dans une cause er—ronée, a produit des faits d'une valeur hercu-léenne.

J'ai l'honneur d'être très-respectueusement,

votre obéissant serviteur,

S. GRANT, lieutenant-général.

A l'honorable E. M. STANTON, *secrétaire de la guerre.*

Traduit par F. X. F.

Imp. de E. Dépée, à Sceaux.

Contraste insuffisant ou
différent, mauvaise qualité
d'impression

Under-contrast or different,
bad printing quality

www.ingramcontent.com/pod-product-compliance
Ingram Content Group UK Ltd.
Pitfield, Milton Keynes, MK11 3LW, UK
UKHW022221120726
13694UKWH00002B/638